Claudia Sies

Das kleine Handbuch für die Seele

W0105560

Das Buch

Was haben Rückenschmerzen mit Höflichkeit zu tun? Was steckt hinter dem ewigen Aufschieben von wichtigen Erledigungen? – Die renommierte Psychoanalytikerin Claudia Sies gibt überraschende Denkanstöße zu den Seelenproblemen in unserem Alltag, zu Fragen der Partnerschaft und der Erziehung sowie zum Umgang mit uns selbst. Souverän deckt sie störende Verhaltensweisen auf und erklärt die tieferen Ursachen vieler Konflikte. Und sie zeigt prägnant und einfühlsam Lösungen auf, wie wir kleine oder auch große Alltagskrisen besser meistern können.

Die Autorin

Claudia Sies, Dr. med., ist Fachärztin für Psychotherapeutische Medizin, Psychoanalytikerin, Lehranalytikerin. Sie hat viele wissenschaftliche Artikel und mehrere Bücher veröffentlicht.

Claudia Sies

Das kleine Handbuch für die Seele

Erste Hilfe für die Krisen des Alltags

HERDER

FREIBURG · BASEL · WIEN

HERDER spektrum Band 6380

Titel der Originalausgabe: Das kleine Handbuch für die Seele
© Verlag Kreuz GmbH Stuttgart, 2008
ISBN 978-3-7831-3040-9

© Verlag Herder GmbH, Freiburg im Breisgau 2011
www.herder.de

Umschlagkonzeption: Agentur RME Roland Eschlbeck
Umschlaggestaltung: Verlag Herder
Umschlagmotiv: © Bridge/Mauritius Images
Foto Claudia Sies: © privat

Satz: de·te·pe, Aalen
Herstellung: fgb · freiburger graphische betriebe
www.fgb.de

Printed in Germany

ISBN 978-3-451-06380-0

Inhalt

Wenn Körper und Seele »zusammenspielen«

Menschliches und Zwischenmenschliches

Vom Zusammenleben als Paar

Eltern und Kinder   136

Nachwort   160

Vorwort

Wer kennt sie nicht, die kleinen und großen Launen und Verstimmungen des Alltags? Wer war nicht schon einmal grundlos traurig oder konnte sich an etwas Schönem nicht recht freuen? Auch schlechte Angewohnheiten, Stress oder familiäre Spannungen sind seelische Alltagsprobleme, die immer wieder in der Praxis der Psychotherapeutin ankommen und zum Thema werden. Nicht zuletzt deshalb, weil aus zunächst harmlosen Problemen durchaus ernsthafte Krisen werden können.

Vor Jahren fragte die *Rheinische Post* mich, ob ich mir vorstellen könnte, aus meiner therapeutischen Erfahrung heraus in der Rubrik »Doktors Kolumne« – heute »Sprechstunde« genannt – Beiträge zu alltäglichen und aktuellen medizinisch-psychologischen Fragestellungen in kurzer und leicht lesbarer Form zu verfassen.

Da ich eine Freundin der wirklichkeitsnahen und unakademischen Sprache bin, sagte ich nur zu gern zu.

Aus dieser Zusage wurden im Laufe der Jahre Dutzende von Kolumnen, die bei der Leserschaft gut ankamen. Das positive Echo und der nachhaltige Erfolg, den diese Kolumnen hatten und haben, sprachen sich herum. Schließlich wurde die Idee zu einem Buch geboren, das die zentralen Kolumnen – überarbeitet, aktualisiert und thematisch gebündelt – versammeln sollte. Sozusagen als kleines Nachschlagewerk für die Unpässlichkeiten der Seele.

Und aus der Idee wurde mit dem Kreuz-Verlag tatsächlich das Buch, das Sie nun in den Händen halten. Meine Absicht war, kurz und prägnant zu formulieren und einen einfachen Stil zu pflegen, dessen Ziel die Leichtigkeit ist. Bewusst habe ich auf die Fachterminologie der Psychoanalyse verzichtet, auch wenn in den Texten der aktuelle Stand der Wissenschaft – etwa der Bindungstheorie – stets berücksichtigt und mit »verarbeitet« wurde.

Das kompakte Format von jeweils etwa zwei Buchseiten für ein behandeltes Thema soll einladen, sich auch mit Themen zu beschäftigen, die vielleicht im Moment gar nicht die eigenen sind. Doch für alle Kolumnen gilt: Jeder Mensch ist anders, jedes Problem vielschichtig und jeder Leser nimmt die Anregungen vor seinem individuellen Hintergrund wahr. Das Buch bietet deshalb keine Rezepte zum Nachmachen, sondern will erreichen, dass der Einzelne schon beim Lesen merkt, woran es ihm fehlt.

Und das kann beim gleichen Thema bei verschiedenen Menschen ganz unterschiedlich sein: Den einen, der sich schwer tut, die eigene Größe realistisch einzuschätzen, wird man fragen: Wieso machst du dich so groß, so klein bist du doch gar nicht? Den anderen mit dem gleichen Problem wird man eher fragen: Warum machst du dich so klein, so groß bist du doch gar nicht?

Viele Gedanken, die Sie in diesem Buch finden, entstammen dem inspirierenden Dialog mit meiner Kollegin Gertrud Wendl-Kempmann, den wir seit Jahrzehnten kontinuierlich führen. Manchen typischen Satz von ihr wird der ein oder andere in diesem Buch möglicherweise »wiedererkennen«.

Für die redaktionelle Beratung danke ich Regine Müller.

Vom Umgang mit sich selbst

Bei sich selbst bleiben

Susanne ist eigentlich sehr liebenswert. Auf jeden Kollegen im Büro, der etwas von ihr will, geht sie geduldig ein, hilft mit Ideen oder nimmt ihnen sogar ihre Arbeit ab. Sie lässt dafür die eigene Arbeit liegen. »Nein« sagen ist nicht gerade ihre Stärke.

Zuhause läuft es ähnlich: Für Kinder und Ehemann Steen ist es selbstverständlich, dass sie mit jeder Kleinigkeit jederzeit zu Susanne gehen können. Sie überlegen gar nicht mehr, ob sie sie stören könnten, und haben fast verlernt, sich um ihre eigenen Angelegenheiten selbst zu kümmern. In letzter Zeit wird Susanne aber immer ungeduldiger und gereizter gegen alle, die etwas von ihr wollen, und hat deswegen schon ein schlechtes Gewissen. Sie hat das dumpfe Gefühl, dass in ihrem Leben etwas grundsätzlich falsch läuft und dass sie dringend etwas verändern muss.

Zu den häufigsten Feststellungen in der Psychotherapie gehört der Satz: »Es fällt Ihnen schwer, bei sich selbst zu bleiben.« Sehr viele Probleme, die Menschen mit sich und anderen haben, sind auf dieses Leitmotiv zurückführen. Die meisten halten das »Bei-sich-Bleiben« sogar für puren Egoismus.

Susanne zum Beispiel müsste sich um einen Weiterbildungskurs für die eigene Karriere kümmern, stattdessen tippt sie Steens Diplomarbeit. Sie fühlt nicht die Berechtigung, für sich selbst zu sorgen, nach dem un-

bewussten Motto: »Ich darf nur leben, wenn ich für andere da bin.«

Die Kunst einer guten Beziehung zu anderen Menschen besteht darin, als erstes einmal sich selbst und die
eigenen Interessen ernst zu nehmen und sich dann
gleichzeitig dem Anderen und seinem Anliegen zuzu-
wenden. Diese Art der Beziehung wagen viele Menschen nicht. Sie geben sich in der Begegnung mit einem
Anderen lieber selbst auf, passen sich ihm an und entsprechen seinen vermuteten Erwartungen. Warum tun
sie das?

Ohne es selbst zu wissen, haben sie zuviel Angst, den
Anderen zu verstimmen oder gar *seine Zuneigung und
sein Wohlwollen zu verlieren.*

Diese Ängste stammen eigentlich aus der Kinderstu-
be. Damals war man ja wirklich auf Gedeih und Ver-
derb auf die Zuwendung (der Eltern) angewiesen. Da
war es nützlich, mehr auf das versorgende Gegenüber
zu achten. Ging es Vater und Mutter gut, verbesserte
sich auch der eigene Zustand. In der neueren psycho-
analytischen Bindungsforschung geht man inzwischen
so weit zu sagen, dass der Säugling sogar ganz und gar
mit seiner Aufmerksamkeit bei der Mutter ist, um über
diesen Umweg herauszufinden, wer er selbst ist. Die
Eltern sind sozusagen sein Spiegel, durch den er sich
erst selbst erkennt. Man kann sich gut vorstellen, wie
wichtig dann der Zustand des Spiegels ist!

Viele Menschen haben, so wie Susanne, noch nicht
wahrgenommen, dass sie längst erwachsen geworden
und auf Zustimmung, Lob und Zuneigung nicht mehr
so stark angewiesen sind. Sie bedenken außerdem
nicht, dass die erwachsene Form der Kommunikation
auch in Respekt und Achtung und nicht nur in Zunei-

gung besteht. Zuneigung und Achtung sind oft nicht gleichzeitig zu haben. Meist muss man sich als Erwachsener erst die Achtung erringen, auch und gerade durch Abgrenzungskämpfe hindurch, um später (vielleicht) auch Zuneigung zu erlangen.

Die Umstellung, mehr bei sich selbst zu bleiben, wird für Susanne nicht ganz leicht werden. Schließlich haben sich die anderen Menschen in der Umgebung daran gewöhnt, dass sie ihre eigenen Interessen hintanstellt und ganz auf die anderen eingeht. Es ist anzunehmen, dass ihre Familie und die Kollegen schon ein bisschen Druck machen werden, um sie, die nun mehr bei sich selbst sein will, wieder in die gewohnten Verhaltensweisen zu drängen.

Für Susanne besteht also die grundsätzliche Umstellung darin:

- aufmerksam zu werden gegenüber den eigenen Gefühlen und Gedanken, wozu auch die Wünsche, Ängste und Hemmungen gehören. Das bedeutet, sich *selbst ernst zu nehmen*, während man in Kontakt mit anderen tritt.
- sich abgrenzen zu können, also die Fähigkeit zu entwickeln, sich durch ein *Nein* von Erwartungen und Anforderungen zu distanzieren, auch wenn man dann mit dem Gegenüber nicht im Einklang ist.
- auf diesen Einklang mit den Anderen verzichten zu können, also *sich selbst Sicherheit und Stabilität geben* zu können.

Andere sind
anders – ich auch!

Herbert hatte es schwer mit seinen Mitmenschen. Keiner war so, wie er es sich vorstellte. Keiner konnte es ihm recht machen. Der eine Kollege telefonierte zuviel, der andere lachte zu laut, von einem dritten fühlte er sich unfreundlich behandelt, während er sich von der kollegialen Zuneigung seines Schreibtischnachbarn belästigt fühlte.

Im Beruf hatte er sich mit dieser Haltung schon so weit isoliert, dass sein Vorgesetzter ihm riet, ein Assessment-Center aufzusuchen. Dort sollte er sich testen und beraten lassen. Dann könne er hoffentlich besser und toleranter mit seinen Kollegen umgehen.

Herbert selbst fiel sonst nicht besonders auf, wirkte eher angepasst und war auf Ordnung und auf die Einhaltung von Vorschriften bedacht.

Im Assessment-Center kam für Herbert in Einzelgesprächen, Tests und Gruppengesprächen immer etwas Ähnliches zutage: Er war tatsächlich extrem intolerant gegenüber Fehlern, Angewohnheiten und Schwachstellen seiner Mitmenschen. Noch schlimmer aber war für ihn die Erkenntnis, dass diese Intoleranz sich zuerst gegen ihn selbst richtete. Tatsächlich konnte er auf sich selbst einen richtigen Hass bekommen, wenn er irgendetwas falsch gemacht hatte.

In der »ersten Moderne« lautete das Motto für eine gute Beziehung: »Wir sind uns einig, dass wir gleich sind.« Das höchste Ziel guter Beziehungen in allen Bereichen war: »Jeder erfüllt die Erwartungen des Anderen.« Eben dies verlangte Herbert von anderen Menschen, aber es ging bei ihm bis ins eigene Seelenleben

hinein: Seine eigenen Erwartungen an sich selbst musste er strikt befolgen.

Früher galt Anpassung als Tugend, aber heute, in der
»zweiten Moderne« oder der sogenannten Postmoder-
ne, gehört es zum Repertoire der Überlebensstrategien,
Unterschiedlichkeit und Andersartigkeit an sich selbst
und anderen zu akzeptieren und auszuhalten. Wenn es
sein muss, können wir uns auch hier wieder einig sein –
und zwar darin, dass wir verschieden sind.

Jeder Mensch ist einzigartig. Das nicht nur zu wissen,
sondern auch zu akzeptieren ist heute wichtiger als je
zuvor, weil sich heute nicht nur Individuen innerhalb
unserer Gesellschaft mischen, sondern auch die Kultu-
ren.

Natürlich ist dabei auch einiges auszuhalten.

Der erste Schritt sollte aber nicht darin bestehen, das
Anderssein des Anderen auszuhalten. Die Voraussetzung für Toleranz gegenüber dem Anderen ist, das Anderssein an sich selbst zu sehen und die Eigenheiten,
das Fremde, das Fehlerhafte und das Störende an sich
selbst zu akzeptieren und schließlich zu integrieren.
Wenn dies glückt, spricht man von einer »integren«
Persönlichkeit. Erst dann kann es für einen selbstverständlich werden, mit der Verschiedenheit des Anderen
einverstanden zu sein.

Vom Thron der eigenen hohen Erwartungen heruntersteigen

Isabelle ist es schon anzusehen, dass sie mit sich selbst und anderen unzufrieden ist. Sie sieht frustriert aus und es gibt fast nichts, woran sie nicht etwas auszusetzen hätte: Sie findet sich zu dick, ihre Karrierekurve verläuft ihr nicht steil genug nach oben und sie glaubt, ihr Leben sei nie in Ordnung. Genauso unbarmherzig ist ihr kritischer Blick auf die Anderen.

Hohe Erwartungen an sich selbst, an andere Menschen und an das Leben überhaupt halten inzwischen viele für eine Tugend. Dass diese Zeiterscheinung für Unzufriedenheit, Dauerstress, mangelnde Lebensfreude oder gar depressive Verstimmungen verantwortlich ist, ahnen sie meistens nicht.

Wozu sind denn hohe Erwartungen gut? Kann ich mich ohne sie überhaupt verbessern? Viele Menschen glauben, hohe Erwartungen machten sie wertvoller. Sie halten es für die beste Methode, sich und andere unter Druck zu setzen. Sie klettern in sich selbst ganz nach oben und schimpfen von diesem Thron auf sich selbst herunter: »Hast du schon wieder nicht …!« »Schrecklich, dieser Fehler!« »Bist du blöd!«

Ständig sprechen da zwei Stimmen in einer Person: Die obere weiß genau, wie man sein müsste: perfekt, ohne Fehler, nur gut und schön. Die untere ist immer mangelhaft und dumm. Menschen, die sich in sich so eingerichtet haben, sind permanent enttäuscht über eigene und fremde Unzulänglichkeiten. Oft gräbt sich dies in die Gesichtszüge ein. Sie wirken ständig leicht enttäuscht, gemischt mit etwas Überheblichkeit. Sie gehen nämlich nicht nur mit sich so fordernd um, sondern signalisieren nach außen, dass andere diesen hohen Erwartungen ebenfalls entsprechen sollten.

In der Nähe dieser Menschen beschleicht einen oft ein Gefühl eigenen Ungenügens. Sicher werden diese Menschen sich auf diese Weise auch ein wenig verbessern. Aber viele halten dem Druck und den hohen Anforderungen der oberen Stimme nicht stand. Sie werden hektisch, überlasten sich in ihrer beruflichen Pflichterfüllung und brechen zusammen. Andere erlahmen schließlich, werden lustlos und depressiv, mit der Einstellung: »Was das Leben von mir verlangt, ist nicht zu schaffen.« In Wirklichkeit ist es nicht das Leben selbst, das zu Enttäuschungen führt, sondern die eigenen hohen Erwartungen.

Viel Energie kann man gewinnen, wenn man nicht mehr sein muss als man ist. Wenn man vom hohen Ross herunter steigt, sein eigenes inneres »Fußvolk« kennen und mögen lernt, also zu sehen, wie man ist – mit allen Stärken und Schwächen. Damit hat man es zu tun. Wenn man den Mut aufbringt, diese Basis samt den so genannten Defiziten zu sehen und zu akzeptieren, ist dies ein sicherer Weg zu Veränderungen und Verbesserungen. Gerade auf die eigenen Schwächen und die eigenen Fehler kann man nicht verzichten, denn sie sind doch der Mist, aus dem man den besten Dünger gewinnt. Kluge Bauern wollen ihren Misthaufen nicht loswerden. Sie riechen allerdings auch nicht dauernd an ihm oder nehmen ihn gar mit ins Wohnzimmer. Sie lassen ihn dort, wo er ist. Zu gegebener Zeit verteilen sie ihn dann auf dem Acker, wo er hingehört, um das Wachstum und die Ernte zu verbessern.

Keine guten Vorsätze mehr!

Die Westernheldin rutscht bei den Dreharbeiten auf ihrem Pferd immer weiter nach hinten. Am Schwanz hängend, ruft sie laut: »Ein neues Pferd bitte, das alte ist hier zu Ende!«

Dabei hatte sie sich doch vorgenommen, endlich reiten zu lernen.

Zum Jahreswechsel geht es vielen Menschen so. Auch im nächsten Jahr werden sie wieder bis ans Ende gerutscht sein, ohne reiten – oder etwas anderes – gelernt zu haben.

Aber sie nehmen es sich vor!

Silvester ist das Fest der guten Vorsätze: Ich werde im nächsten Jahr nur noch zwei Gläser am Abend trinken; ich werde mein Kind nicht mehr anschreien; ich werde treu sein – im Neuen Jahr!

Gute Vorsätze sind das tägliche Gift, mit dem sich viele Menschen ständig beruhigen, um den alten Trott noch ein bisschen weitermachen zu können. Aber die Belohnung für das, was sie sich vornehmen, können sie heute schon einheimsen, denn sie erleben es so, als hätten sie es schon erreicht. Das ist der Sinn und Zweck »guter Vorsätze«. Jugendliche sagen dann zum Beispiel: Ich werde das Abitur machen. Spricht man aber mit ihnen, dann merkt man schnell, dass sie nur die Absicht haben, das Abitur zu machen, aber im tiefen Inneren glauben, den dazu erforderlichen Einsatz nicht leisten zu müssen.

Auch ein Ehemann, der zu seiner Frau sagt: »Ich verspreche dir, im Neuen Jahr meine Freundin aufzugeben, ich brauche nur noch ein wenig Zeit«, gehört in die Kategorie der Absichtserklärer. Inzwischen kann er nämlich die Freundin noch eine Weile behalten – Jahre vielleicht.

Sie werden also alle auch im nächsten Jahr ihre Vorsätze nicht wahr machen und das Jahr wechseln wie die Westernheldin ihr Pferd, anstatt reiten zu lernen.

Aber wie soll man sich denn verbessern, wenn nicht mit guten Vorsätzen? Das fragen oft Menschen, die stecken geblieben sind in einem ganzen Dickicht guter Absichten und Vorsätze, die ihnen keinen Schritt weiter helfen. Vorsätze sind schließlich Vorsätze und keine Taten.

Die Antwort lautet also:

Ohne Vor-Satz anfangen! Ohne das Verschieben des Selbst-Anfangens in die Zukunft.

Mit Plänen lebt man gegen sich, anstatt dort zu beginnen, wo man gerade ist: Jetzt sofort nehme ich keine Zigarette; jetzt beherrsche ich mich und werde mit meiner Hilflosigkeit selbst fertig, anstatt das Kind anzuschreien; jetzt räume ich auf, anstatt einen Plan zu machen, wie ich – demnächst – aufräumen sollte; jetzt setze ich mich an meine Diplomarbeit, anstatt vorher noch den (blitzblanken) Schreibtisch aufzuräumen; jetzt bringe ich meine Beziehungen in Ordnung …

Unsere Westernheldin würde dann sofort reiten lernen, anstatt mit vielen guten Vorsätzen, demnächst reiten lernen zu wollen, nach hinten zu rutschen und das Jahr (oder das Pferd) zu wechseln.

Die Fähigkeit zum Glück

»Warum kann ich nicht glücklich sein? Ich habe doch alles, was ich mir wünsche«, sagt der 40-jährige Bertram in der Vorweihnachtszeit. Er fliegt mit seiner Frau um die Welt und wartet darauf, dass sich das Glück einstellt. Um so größer ist seine Enttäuschung, als er selbst im weihnachtlich geschmückten New York kein Glück empfinden kann.

Besonders die Weihnachtszeit, die Nagelprobe für Glücksfähigkeit, macht ihm immer schon zu schaffen.

Er setzt sich unter Stress, um seine Frau und die Kinder glücklich zu machen, und hat doch das Gefühl, es ist nie genug. Er selbst reagiert sehr empfindlich auf Geschenke, die nicht ganz seinen Wünschen entsprechen. Richtig unglücklich kann er dann werden.

Bertram glaubt, dass es beim Empfinden von Glück auf die äußeren Umstände ankommt. Aber das Glücksgefühl kommt nicht aus einer Quelle außerhalb von uns. Glücklich sein ist eine innere Einstellung. Nicht das, was einem angeboten wird – vom Schicksal oder von anderen Menschen –, macht unser Glück aus, nicht, ob man reich, gesund, schön und geliebt ist und tolle Geschenke bekommt. Glück ist eine innere Antwort auf das Angebot von außen, die dazu befähigt, sich immer wieder in Einklang zu bringen mit dem, was uns gerade im Augenblick begegnet.

Ein arbeitsloser Familienvater könnte hier verständlicherweise protestieren: »Wie soll ich das einfach akzeptieren, ohne mit meinem Schicksal zu hadern! Weihnachten steht vor der Tür, und ich bin ohne Arbeit und Geld.«

Eine Antwort könnte lauten: Wer mit seinem realen Schicksal hadert, verschwendet seine Kraft mit Klagen über das Problem, anstatt diese Kraft in die Lösung des Problems zu investieren. Wenn er bedrückt und gebeugt zu Boden schaut, kann er seine Augen nicht nach vorn richten und klären: Was kann ich ändern und womit muss ich zurechtkommen?

Das Geheimnis glücklicher Menschen ist ihre Fähigkeit, mit dem einverstanden zu sein, was im Augenblick nicht zu verändern ist, und anzugehen, was zu verändern ist. Außerdem ist Glück ein Lernprozess.

Am unglücklichsten sind diejenigen Menschen, die eine ganz genaue Vorstellung davon haben, wie das Leben, zum Beispiel die Festtage, verlaufen müssten, um sie glücklich zu machen. Für Unglückliche gibt es gerade dann viele Gründe zum Unglücklichsein: Da passen die selbstgestrickten Socken dem Vater nicht; die Gans ist zu schwarz gebraten, oder die Oma ist krank geworden.

Jeder verwendet die vielen Angebote der Weihnachtszeit auf seine Weise. Weihnachten ist daher nur ein Auslöser für alles, was man vorher schon als Erlebensweise in sich trägt.

Die Glücklichen werden glücklicher, denn sie haben vieles, worüber sie sich freuen, die Unglücklichen werden unglücklicher, weil sie hauptsächlich von den Unannehmlichkeiten angezogen werden.

Ich schau in den Spiegel und sehe meine Mutter

»Ich schau in den Spiegel – und kann es kaum glauben! Genau das habe ich nie gewollt, Frau Doktor! Je älter ich werde, desto ähnlicher werde ich meiner Mutter!« entrüstet sich die 45-jährige Herta. »Niemals wollte ich diesen harten Zug um den Mund und die kritische Falte zwischen den Augen bekommen. Nun haben sich diese Frustfalten sogar gegen meine Lachfalten durchgesetzt.«

Auch Männer kennen das. Robert, 49 Jahre alt, sagt dazu: »Je älter ich werde, desto ähnlicher werde ich in meiner Art meinem Vater. Manchmal höre ich mich in meiner Familie Sätze sagen, die ich noch von früher kenne: »Jetzt ist aber Schluss! Kein Wort mehr.« Oder: »Reiß dich zusammen.« Robert bedauert: »Leider hat sich in mir der engstirnige Vater gegen die fröhliche Mutter behauptet. Schließlich bin ich ja ein Mann!«

Der Dichter sagt dazu: »Wie er sich räuspert und wie er spuckt, hat er dem Alten abgeguckt.« Das kleine Kind findet sich über das Nachahmen der Eltern anfangs besser in der Welt zurecht. Aber schon in der Trotzphase etwa zwischen drei und fünf Jahren bekommt dieser Wunsch, genauso wie die Eltern zu sein, im besten Fall einen Riss. Das Kind übt sich im Neinsagen, verteidigt das Selbermachen und riskiert Konflikte, um seine Eigenart zu behaupten.

Wer es dann in der Pubertät und den jungen Erwachsenenjahren versäumt hat, weiterhin zu rebellieren und sich die eigene Unterschiedlichkeit von den Eltern zu erkämpfen, wird ihnen später zwangsläufig ähnlich. Das heißt, er ertappt sich dann bei den gleichen Gedankengängen und Haltungen wie die Eltern. Sich zu sich selbst durchzukämpfen erfordert eine lebenslange, innerlich und äußerlich ernsthafte Auseinandersetzung mit den Eltern.

Wenn man ihnen als Erwachsener weiterhin folgt, übernimmt man neben den guten Eigenschaften leider auch Lebenseinstellungen, mit denen die Eltern sich um Lebensfreude und Glück gebracht haben und die man doch selbst unbedingt vermeiden wollte.

Eheleute werfen sich oft gegenseitig vor: »Du redest so negativ wie deine Mutter!« »Du bist genauso engstirnig wie dein Vater!« Das ist schmerzlich, weil man ja weiß, dass ein Körnchen Wahrheit darin liegt.

Man kann sich entrüsten über diese verfestigten und nun äußerlich sichtbaren Einengungen wie verhärmte Gesichtszüge, gebeugte Haltung und stereotype Redensarten. Herta nutzte diese unangenehme Entdeckung, um noch einmal Bilanz zu ziehen. Sie erfuhr in einer Gruppentherapie, dass sie sich tatsächlich im Gespräch immer als erstes darauf stürzte, was ihr an Anderen fehlerhaft oder negativ erschien. Und dazu setzte sie noch eine vorwurfsvolle, frustrierte Miene auf.

Es war nicht leicht für sie, auf diese ausgesprochen wirksame Methode, Andere einzuschüchtern, die sie sich von der Mutter abgeschaut hatte, zu verzichten. Schließlich konnte sie sich durch Kritik anderen Menschen schnell überlegen fühlen. Nun lernte sie, ihren Selbstwert zu pflegen, indem sie besser mit Anderen auskam. Der Lohn ihrer neuen Umgangsweise mit sich und den Anderen: Sie schaut in den Spiegel und sieht sich selbst – nicht mehr so überlegen, aber mit den eigenen Lachfalten.

Neue Werte im Alter

»Jeden Tag geht es mir schlechter«, jammert die 70-jährige Edith. »Ich bin nicht mehr so interessiert an allem Neuen wie früher«, »ich kann nicht mehr so gut laufen«, »ich höre nicht mehr so gut«, »ich bin viel öfter sehr krank«, »ich habe nur noch wenig oder gar keinen Appetit«, »ich schlafe immer schlechter«.

Das Schlimme an diesen Klagen ist, dass sie der Wahrheit entsprechen! Man kann es so sehen, dass vieles im Alter abnimmt oder auch schlechter wird. Denn statistisch gesehen gehört es zum Lebenslauf dazu, dass sich im Alter die Krankheiten häufen. Auch die Körperkraft lässt nach und man wird langsamer.

Das Entscheidende aber sind nicht diese Veränderungen selbst, sondern wie man sie bewertet. So sind viele Menschen jeden Tag unglücklich darüber, dass sie nicht so faltenlos, so unversehrt, so schnell und aufnahmefähig sind wie vor einem Tag, vor einem Monat oder gar wie vor Jahren.

Aber einem Zustand, den es nicht mehr gibt – und sicher nicht mehr geben wird –, ewig hinterher zu trauern macht depressiv und unsicher, weil man sich stets an etwas Besserem und nicht am Vorhandenen misst. Und so gehören depressive Verstimmungen und Selbstwert-Störungen angeblich auch zu den Alternserscheinungen. Sie sind aber in Wirklichkeit oft die Folge dieser Haltung. Wir neigen nun einmal dazu, dauernd zu vergleichen. Das ist für viele kleine Dinge des täglichen Lebens in Ordnung und sogar nützlich. Aber für das Thema Altern ist es ausgesprochen ungünstig. Beim Älterwerden machen sich viele das Leben mit Vergleichen schwerer, als es sein müsste, und verhindern damit, jeden Tag in die eigene Gestalt neu hineinzuwachsen.

Ein erster Hinweis: Nur der heutige Zustand zählt, weil man auch dann nur seinen Wert erleben kann. Erst jetzt kann man entdecken, wie gesund man überhaupt noch ist und was man noch alles im Gedächtnis behalten kann. Die aktuellen Fähigkeiten wird man nicht sehen, wenn man nur auf die Defizite schaut und das Heute mit dem Gestern vergleicht. Was heute alles funktioniert, ist wichtig, sonst kann man es ja heute nicht betreiben.

Sagt man: »Ich kann nicht mehr so gut laufen wie früher«, bleibt man lieber gleich zu Hause. Aber: »Ich will mal sehen, wie viel noch geht« bringt einen auf die Beine – anders kann man es ja nicht ausprobieren.

Dieser erste Hinweis führt allerdings noch nicht zur Lösung des Problems. Die wirkliche Umstellung in höheren Jahren geht einen großen Schritt weiter. Sie tröstet sich nicht mit den Resten, die von körperlicher und seelischer Gesundheit noch übrig geblieben sind, also »was alles noch geht«.

Die neuen Werte im Alter spielen sich auf einer anderen Ebene von Lebendigkeit ab. Wenn dann zum Beispiel das Laufen nicht mehr so gut geht, hat man nun die Zeit, im Sitzen ganz andere Dimensionen des Lebens zuzulassen, die an Stelle des Laufens wirksam werden und die man beim Laufen niemals erlebt hätte.

Verharrt man in den früheren Werten seelischer und körperlicher Gesundheit, übersieht man die ganz anderen Werte, um die es jetzt geht. Die wirkliche Wandlung beim Altern liegt also nicht im Erleben von Verzicht und von Verlust der alten Werte, sondern im Umsteigen auf neue Möglichkeiten und damit auf eine Ebene, auf der man heute am lebendigsten ist.

Altern zwischen Disziplin und Lebenslust

»Ich habe nicht vor, unversehrt ins Grab zu steigen!« antwortete die 72-jährige Else, als sie jemand wegen ihres Knieleidens bedauern wollte. »Das ist doch ganz einfach«, sagte sie weiter, »entweder ich sterbe früh oder ich will so lange leben wie möglich. Dann muss ich aber auch alle Alterserscheinungen, die zu meinem langen Leben dazugehören, durchmachen.«

Die wenigsten Menschen reagieren so selbstverständlich wie Else auf ihre Altersleiden, obwohl jeder weiß, dass sie dazugehören. Der Einzelne entscheidet, ob er sich beim Thema Altern das Leben schwerer oder leichter macht:

Leichter haben es Menschen, die den Vorgang des Alterns eher als Wandel sehen. So nimmt zum Beispiel das Kurzzeitgedächtnis ab, aber das Gedächtnis der langen Erfahrungen – kristalline Intelligenz genannt – nimmt zu.

Vor allem wenn der Körper nachzulassen droht, ist es ganz wichtig, dieser nach unten driftenden Kurve nicht auch geistig und seelisch zu folgen. Es gilt, den Körper so gut wie möglich zu pflegen, sich dann aber mit den geistigen und seelischen Dimensionen von der körperlichen Kurve abzukoppeln, also zum Beispiel die körperlichen Beschwerden nicht zum einzigen Gesprächs- und Gedankeninhalt zu machen.

Wenn man nicht gerade einer Demenz anheimfällt, sind die Möglichkeiten geistig seelischer Entwicklungen und Erfahrungen im Alter unbeschwerter und vielfältiger, und das ohne die permanente Beschäftigung mit dem so genannten Verfall und den Krankheiten des Körpers.

Man muss sich davor hüten, seelische Beschwerden wie zum Beispiel depressive Stimmungen und Selbstwertverlust nur dem Alter zuzuschreiben. Gerade wenn zwischen Vierzig und Fünfzig die Phase der Kindererziehung zu Ende geht und wenn zwischen Sechzig und Fünfundsechzig die Außensteuerung durch Berufsaufgaben wegfällt, entsteht oft durch diese Lücken ein unklares Unbehagen, das nicht als altersbedingte Lebensunlust abgetan werden sollte. Diese Lücken sollten auch nicht falsch gefüllt werden, wie man es so oft beobachten kann. Viele ältere Menschen tun dies durch vermehrtes Essen (»Matronenspeck«) oder gesteigerten Alkoholkonsum. Andere wieder ziehen sich zurück in die soziale Isolation oder verbringen ganze Tage bewegungslos vor dem Fernseher.

Dabei wäre jetzt statt vermehrtem Essen oder Alkohol und statt Klagen über das Verlorengegangene eine neue Art von Disziplin und Steuerung des Lebens dran.

Denn bei keinem anderen Lebensthema wie beim Altern ist es so wichtig, den täglichen Wandel im Alltag immer neu zu strukturieren und zu organisieren, um den höchsten Grad an Lebenslust und Freiheit zu erreichen.

Nicht(s) gut finden

Caroline sagt zu ihrem Partner Rolf endlich die von ihm so lange ersehnten Worte: »Du bist mir sehr wichtig. Ich will dich nicht verlieren!« Und was antwortet Rolf? »Ja, aber gestern hast du ganz anders gesprochen! Wer weiß, wie du morgen darüber denkst!«

Obwohl er in ihren Worten hätte »finden« können, was er so lange gesucht hatte, war er unbewusst nicht bereit dazu. Er konnte das Gehörte nicht »gut finden«, sonst hätte er geantwortet: »Ich bin froh, dies von dir zu hören.« Dann hätten beide einander finden können.

In eine seelische Störung kann diese Haltung münden, wenn Menschen im Leben immer weniger »gut finden«. An allem haben sie etwas auszusetzen, sind immer weiter auf der Suche nach etwas Anderem oder Besserem. Das Vorhandene jedenfalls kann es doch noch nicht sein.

Die Gründe, dieses Finden zu vermeiden, können vielfältig sein. Der Ursprung kann in der Kindheit liegen. Manche Eltern können ihre Kinder nicht dort finden und bejahen, wo sie gerade sind. Sie können sich nicht darüber freuen, dass ihr Baby krabbeln kann – es sollte schon laufen können. In einigen Monaten könnten sie es laufend vorfinden, dann aber fällt ihnen das Sprechen ein, das ihr Kind noch nicht kann.

Diese Eltern haben das Finden noch nicht entdeckt und vermitteln so ihren Kindern, dass diese immer anders sein sollten als sie sind. So können auch diese Kinder sich selbst und andere später nicht »gut finden«, wie Rolf noch als Erwachsener.

Es gibt Menschen, die befürchten, dass sie, wenn sie

etwas finden, das sie sich sehnlichst wünschen, für immer darauf festgelegt sind. Sie können sich nicht vorstellen, immer wieder etwas Neues zu finden, wenn das Alte sich überholt hat.

Andere wiederum vermeiden es bis ins Erwachsenenalter, sich selbst zu finden. Sie fragen nicht: »Wer bin ich?«, sondern: »Wie sollte ich sein?«, um sich bestimmten Klischees anzupassen, die schon einmal erfolgreich waren. Dazu passt die Erinnerung eines Mannes: »Ich habe zu Ostern die Eier immer dort gesucht, wo meine große Schwester welche gefunden hatte. Ich wunderte mich, dass ich an dieser Stelle nie welche fand.«

So finden sie oft nicht: ihren wahren Beruf, den einen Partner, der zu ihnen passt, oder ein Haus, in dem sie wohnen möchten, und bleiben sogar manchmal für sich selbst unauffindbar.

»Mama, gehen wir zu Ostern wieder Ostereier finden?« Dieses vierjährige Kind hat ganz selbstverständlich begriffen, worum es geht. Es hat noch die Fähigkeit, das Suchen und Finden als einen einzigen, nicht getrennten Vorgang zu erleben. Viele Menschen bleiben ein Leben lang mit Suchen beschäftigt und werden im Laufe des Lebens immer unzufriedener. Sie können das, was sie sehen, nicht als das wahrnehmen, was sie gefunden haben, sondern bleiben ewig auf der Suche – wie gesagt, nach etwas Besserem natürlich!

Die Lieblingsbeschäftigung kleiner Kinder ist das Versteckspiel. Sie quieken vor Vergnügen, wenn sie gefunden werden. Manche geben kleine Pieptöne von sich, damit man sie ja nicht an der falschen Stelle sucht. Sie sind glücklich, gefunden zu werden – dort, wo sie gerade versteckt sind.

Sorgloser durchs Leben

Bei Veronika haben die »inneren Saboteure« richtig zugeschlagen. Sobald sie sich freuen oder etwas genießen möchte, melden sich Befürchtungen und innere Zweifel, ja sogar Ängste. »Ich mach' mir nur noch Sorgen, Frau Doktor, es gibt nichts, was ich unbekümmert angehen kann. Seit Wochen habe ich mich auf den Urlaub gefreut. Jetzt kommen nur noch Befürchtungen: das Hotel könnte zu laut sein, Milben im Bett, fettes Essen, schlechtes Wetter – es gibt nichts, worüber ich mir nicht Sorgen mache.«

Auch Markus kennt diese inneren Spielverderber. Möchte er einen Kriminalroman kaufen und hält ihn schon in Händen, meldet sich sorgenvoll seine Gegenstimme: »Für so was so viel Geld und Zeit verschwenden? Solltest du nicht besser ein wertvolleres Buch kaufen?« Sogar ein Kinderlied kennt dieses Thema: »Will ich in mein Gärtlein gehen und die Blumen gießen, steht ein grimmig Männlein da, will es mir verdrießen.«
Sehr viele Menschen haben mit dieser bedrückenden inneren Stimme zu tun, die in vielen Variationen auftritt. Daher hat das Lied auch acht Strophen. Alle handeln davon, was das Männlein einem alles mies machen kann. Typische Sätze in solchen Situationen lauten: »Immer wenn ich etwas genießen möchte, kommt Zweifel auf: Darf ich das überhaupt?« »Möchte ich mich einfach ausruhen, in den Regen schauen oder Musik hören, meldet sich der kleine Griesgram: ›Wohin wird das führen, vielleicht tust du demnächst überhaupt nichts mehr!‹«
Woher stammen diese inneren Verdrießer?

Zunächst durften die Betroffenen als Kinder nicht vertrauensvoll und sorglos genug ins Leben hinein-wachsen – aus welchen Gründen auch immer. Später haben sie verpasst, die Warnungen und die Bedenken, die sie im Dialog mit Eltern und Lehrern in sich aufge-nommen haben, im Laufe ihres Lebens immer wieder zu überprüfen, abzumildern und fürs Leben brauchba-rer zu machen. Viele davon müssen aussortiert werden. So wimmelt es dabei nur so von inneren Geboten, Ver-boten oder gar Drohungen, die ihnen heute das Leben unnötig schwer machen und verstopfen.

Wie wird man sie wieder los? Das ist nicht so ein-fach!

Die Lösung im Kinderlied ist allerdings genial: Das verdrießliche Männlein lässt erst dann vom Kinde ab, als dieses verspricht, es immer in sein Gebet einzu-schließen. Volksweisheit und Psychotherapie denken hier ähnlich: Man kann diesen boykottierenden Teil nicht einfach aus sich hinauskomplimentieren. Aber man kann ihn umstimmen, indem man ihn zu sich nimmt, mit ihm redet und ihn so friedfertig stimmt. Auf diese Weise zivilisiert, arbeitet es in der Seele in die ge-wünschte Richtung und kann mit seiner Kraft sehr hilf-reich sein.

So könnte Veronika dann nach einer Verwandlung des kleinen Unterdrückers in einen Unterstützer vor dem nächsten Urlaub sagen: Ich freue mich auf den Ur-laub. Und wenn wir am Ferienort ankommen, werden wir schon sehen! Mit allem werden wir schon gut fertig werden!

Trauer gehört zum Leben

Marion (35) hat einen Psychotherapeuten aufgesucht, weil sie seit geraumer Zeit aus einem schweren Stimmungstief nicht herauskommt. Scheinbar nebenbei erwähnt sie, dass vor etwa zwei Jahren ihr geliebter Bruder bei einem Autounfall ums Leben kam. Dieses Ereignis bringt Marion gar nicht mehr mit ihrem Tief in Verbindung, weil sie von sich selbst verlangt, dass nach einem halben Jahr Trauer alles wie bisher weitergehen muss. Sie ist sehr erstaunt zu hören, dass ihre Krise mit der noch nicht bewältigten Trauer um ihren Bruder zu tun hat.

Wege aus der Trauer können lang sein – manchmal über fünf Jahre. Dies ist nicht ungewöhnlich und darf auf keinen Fall für eine Depression gehalten werden. Zum Schlimmsten, was bei einer solchen Fehldiagnose passieren kann, gehört die Behandlung mit Psychopharmaka. Denn die Trauer muss letztlich durchgestanden und verarbeitet werden, damit sie einen nicht immer weiter verfolgt, sondern zu Ende gehen kann.

Einerseits gehört die Trauer – wie die Freude auch – zum Leben dazu. Wer sich sehr freuen kann, ist auch zu starker Trauer fähig. Wer sich allerdings eher auf der Null-Linie seiner Gefühle aufhält, wird sich weder sehr freuen noch tief traurig sein können.

Andererseits gibt es aber Verluste, wie den Tod eines Kindes oder anderer geliebter Personen oder Abschiede wie plötzliches Verlassenwerden von einem langjährigen geliebten Partner; Enttäuschungen durch Verrat oder Untreue; Verlust von Hab und Gut, die zu Lebenskrisen führen, mit denen Betroffene manchmal allein nicht fertig werden.

Sie leiden zum Beispiel unter einer unerträglichen Leere, die sie nicht wieder mit Lebendigkeit füllen können, oder sie empfinden stärkste Trauerschmerzen, die sich monate- oder sogar jahrelang nicht abmildern wollen; wieder andere werden körperlich krank, weil sie sich in zu viel Arbeit stürzen und sich selbst überfordern, um ja nicht an das Schreckliche zu denken.

Was da so unterschiedlich aussieht, kann man jeweils mit einer Phase des Trauerprozesses in Verbindung bringen, in dem die Trauernden stecken geblieben sind. In den ersten Stunden, manchmal in Tagen kann der Gefühlsschock so groß sein, dass die Betroffenen den Verlust nicht wahrhaben können. Sie werden einfach überwältigt von ihren Gefühlen und können nichts empfinden.

Manche Menschen bleiben in dieser Empfindungslosigkeit stecken und vermeiden dadurch die anstehende Trauer. Sie fürchten sich unbewusst vor den Gefühlsausbrüchen von Wut, Trauer und Verzweiflung der nächsten Phase. So kann es zum Wegdrängen oder gar Verdrängen des Verlustes kommen. Statt Trauer entsteht Leere oder eine Flucht in Geschäftigkeit mit Arbeitsüberlastung.

Auch in der Phase der aufbrechenden Trauergefühle kann man verloren gehen. Diese Menschen finden nicht mehr heraus aus ihrer Trauer. Sie sind von ihr eingenommen, müssen dauernd daran denken und können sich nicht allmählich damit abfinden, dass dieser Verlust zu ihrem Leben gehört. Sie können in der neuen Situation nicht ihre neue Rolle übernehmen, zum Beispiel als Ehemann im Augenblick wieder allein oder nicht mehr der Bruder einer lebenden Schwester zu sein. Sie werden depressiv, weil sie innerlich darauf beharren, dass dies alles nicht hätte passieren dürfen. Auf ihrem realen Lebensweg, der von dem großen Verlust getroffen wurde, wissen sie nicht mehr weiter.

Erst wenn sie den verletzten Lebensweg mit der dazugehörigen Verzweiflung über Tod, Verlust und Trauer als ihre Realität akzeptieren, können sie sich den Wandlungen des Trauerprozesses überlassen, der auch Chancen enthält. Dazu gehört später, dass die verlorenen Menschen oder die Zeit vor dem Verlust zur Erinnerung und damit für den neuen Lebensabschnitt zu einem Teil der Person werden.

Angeberei und Bescheidenheit haben die gleiche Wurzel

Matthias war auf den ersten Blick das, was man eine starke Persönlichkeit nennt: Er hatte eine leitende Position inne und seine Mitarbeiter fürchteten ihn und seine lauten, oft ausfälligen Auftritte. Aber auch im Privatleben war er ausgesprochen dominant, und sobald er einen Raum betrat, beanspruchte er die Aufmerksamkeit aller Anwesenden, sonst wurde er unangenehm. Im Umgang mit dem weiblichen Geschlecht gab er sich als Macho, der gern mit aufheulendem Motor vorfuhr. Ein gewisser Charme war ihm allerdings nicht abzusprechen.

Jeder kennt die Menschen, die angeben und aufschneiden, wo immer sie auftreten. Auf den ersten Blick kann das eindrucksvoll und interessant wirken. So denken manche zunächst, dass ein Vielredner auch viel zu sagen habe oder dass der Lautstarke eine besonders starke Persönlichkeit sei. Aber sehr bald merkt man, dass irgendetwas nicht stimmt. Man wird nämlich durch dieses großartige und beherrschende Auftreten weggedrängt und in die Rolle des Zuhörers und bewundernden Zuschauers verwiesen. Das macht auf die Dauer unzufrieden und ärgerlich.

Sympathischer kommen da auf den ersten Blick die Bescheidenen daher:

Detlev beanspruchte im Kontakt mit Freunden und Kollegen wenig für sich selbst. Bot man ihm Brot an, sagte er: »Aber nur ein kleines Stückchen.« Schenkte ihm jemand Wein ein: »Aber bitte nur ein Schlückchen«.

»Danke, ich brauche gar nichts. Hauptsache, den anderen geht es gut.« Sie nehmen im Kontakt zunächst immer weniger Platz ein als ihnen zusteht. Sie möchten ihrem Gegenüber nicht zur Last fallen und quetschen sich selbst zusammen – schließlich fängt man an, sie fast zu vergessen.

Was haben der Angeber und der Bescheidene miteinander zu tun?

Viel!

Beide kommen aus der gleichen Wurzel. Beide konnten bisher nicht herausfinden, wie groß oder klein sie wirklich sind. Sie haben nur unterschiedliche Methoden entwickelt, mit dieser Unsicherheit fertig zu werden. Dazu gehört auch, dass beide ihren Selbstwert von der Bewertung anderer abhängig machen.

Der Angeber hält sich insgeheim für viel zu unbedeutend und zu klein, um so unter den Menschen bestehen zu können. Verständlich, dass er immer noch eins mehr drauflegen muss und dass er sich nie zeigen darf, wie er wirklich ist. Größe ist das Ziel, damit die befürchtete

Kleinheit nicht ans Licht kommt. Für dieses unbewusste Spiel gibt es einen jüdischen Witz: »Moische, warum machst du dich so groß, so klein bist du doch gar nicht!«

Also Mitleid mit dem Angeber! Aber Vorsicht mit dem Bescheidenen. Er hält sich insgeheim für viel zu gut und zu groß, um sich den anderen zumuten zu können. So stellt er sein Licht lieber unter den Scheffel und erhofft sich so die Sympathie Anderer erhalten zu können. »Wenn ich mich klein mache, bekomme ich mehr Zuneigung und Versorgung.« Hier passt der Witz einfach umgekehrt. »Moische, warum machst du dich so klein, so groß bist du doch gar nicht!«

Angeberei wie auch Bescheidenheit können in Krankheit ausarten. Die Angeber und Aufschneider bemerken das Ausmaß ihrer Not oft erst, wenn sie zum Beispiel durch Anecken im Beruf immer wieder ihren Arbeitsplatz verlieren oder in der Liebe häufig Schiffbruch erleiden. Der Bescheidene kann weit unter seinen Möglichkeiten leben, antriebslos und traurig werden, weil er sich in seiner Vitalität permanent zügelt und duckt.

In psychotherapeutischen Gruppen – als einer Schule für das reale Leben – erfahren beide etwas über ihre wirkliche Größe. Sind acht Gruppenteilnehmer versammelt, steht jedem natürlich ein Achtel des Platzes und der Zeit zu. Wenn nun einer mehr Platz einnimmt als ein Achtel oder ein Anderer weniger einnimmt, fällt das auf. So erfahren die zu Großen und zu Lauten, wie sie von den Anderen abgelehnt werden, weil sie zu viel Platz beanspruchen. Sie hören von den anderen Gruppenmitgliedern, dass sie sich Aufmerksamkeit erzwingen, statt zu warten, bis sie sie geschenkt bekommen.

Die Lehre, die sie daraus ziehen können: Ich habe zwar Angst, abgelehnt zu werden, wenn ich einfach da bin, weil ich mich zu mickrig finde. Aber wenn ich mich so groß, so laut, so dominant gebe, werde ich ja auch abgelehnt – also könnte ich ja auch gleich bleiben, wie ich bin. Und die Bescheidenen lernen, nicht länger ängstlich zu warten, bis ihnen jemand Raum gibt, sondern dass sie den Platz haben, den sie selbst besetzen.

Nicht lang genug

Was haben Helmuts schneller Griff zur Zigarette, Irenes drittes Glas Wein am Abend, das ihr morgens dann zu schaffen macht, Rolfs ewiges Aufschieben von Erledigungen und Annas häufiges Anschreien der eigenen Kinder gemeinsam?

Auf den ersten Blick scheinbar gar nichts.

Tatsächlich aber ist das gemeinsame Muster hinter diesen Verhaltensweisen ein zu kurzer Spannungsbogen und die Unfähigkeit, eine unangenehme Situation oder eine unbehagliche Stimmung selbst bewältigen zu können.

Obwohl viele Menschen um den langfristigen Schaden ihrer jeweiligen Verhaltensweisen für sich wissen, wählen sie doch die kurzfristige Entlastung durch die möglichst rasche Befriedigung ihrer Bedürfnisse. Wir alle leben bewusst oder unbewusst nach den Prinzipien von Gewinn und Verlust. Was wir allerdings für einen Gewinn oder einen Verlust halten, ist individuell sehr verschieden.

Menschen, die unter den oben beschriebenen Gewohnheiten leiden – einige davon nennt man Sucht –, halten es für einen Gewinn, wenn sie ein aufkommendes Gefühl von Unbehagen oder Unsicherheit sofort zum Schweigen bringen. Sie übertönen diese sich meldenden unangenehmen Gefühle mit »Stoff« wie Essen und Trinken oder drücken sich durch Wegschauen von der zu erledigenden Aufgabe oder entlasten sich, indem sie den Druck an Schwächere weitergeben.

Warum können viele Menschen nicht warten, bis sie den genauen Grund ihres unklaren Unbehagens entdeckt haben und dies an Ort und Stelle und auf die angemessene Art und Weise beruhigen und bereinigen?

Es sind nicht immer die in der Kindheit zu kurz gekommenen Gefühle und Bedürfnisse, die nun endlich gesättigt werden sollen. Nein, in vielen Fällen ist es sogar das Gegenteil, nämlich zu reichliche und zu schnelle Befriedigung von Wünschen. Verwöhnen ist eine genauso starke Verwahrlosung wie zu karge oder zu harte Erziehung. Durch Verwöhnung wird das Kind nicht in seiner gefühlsmäßigen Welt verstanden. Wenn es unzufrieden ist, wird es oft missverstanden und man beruhigt es mit materiellen Dingen wie Spielzeug oder Essen, statt ihm mit Interesse, Aufmerksamkeit und Zeit für seine echten Bedürfnisse zu begegnen. Auch ärmere Eltern verwöhnen ihre Kinder auf ähnliche Weise. An dieser Methode, Unbehagen mit »Stoff« zu beantworten oder sich anderweitig schnell zu entlasten, kann man ein Leben lang kleben bleiben.

Die Muster dafür lernen und festigen wir von den ersten Lebenstagen an im Umgang mit den Eltern. So ist es für viele Mütter schwer zu ertragen, eine kleine Weile zu warten, wenn ihr Baby Unzufriedenheit signalisiert. Viele Eltern wissen nicht, dass ihr Baby schon etwa mit drei Monaten in der Lage ist, die Initiative zu übernehmen und sich selbst zu regulieren. Die Mütter, die bei dem kleinsten kindlichen Seufzer aufspringen, um das aktuelle Bedürfnis des oder der Kleinen so schnell wie möglich zu befriedigen, unterdrücken beim Kind, ohne es zu wollen, seine eigenen Fähigkeiten, sich selbst zu beruhigen und zu befriedigen. Das heißt, sie befördern auf lange Sicht eine innere Haltung des Sprösslings, die auf schnelle Beruhigung und Befriedigung von außen und durch Andere ausgerichtet ist und bei der er glaubt, irgendetwas auszuhalten sei unzumutbar.

Diese frühe Hypothek macht es im späteren Leben schwer, in langfristigen Dimensionen zu leben und zu lernen. Um von dieser Unfähigkeit wegzukommen, sind eigene Entwicklungsschritte notwendig.

Dazu gehört vor allem, einen größeren Spannungsbogen zu entwickeln. Wir nennen das auch Frustrationstoleranz. Gemeint ist damit die Fähigkeit, Bedürfnisse aller Art daraufhin zu überprüfen, welchen Preis man für ihre schnelle Befriedigung bezahlen muss und ob man das will. In unseren Fällen zum Beispiel: den Kater am nächsten Morgen; den Husten nach den Zigaretten oder die Angst des eigenen Kindes, dessen Selbstwert beschädigt wird, wenn man es so anschreit.

Wenn wir uns umstellen wollen, gilt es, die aufsteigende Unzufriedenheit auszuhalten, abzuwarten und genau herauszufinden, was der originale Wunsch ist, und dann Abhilfe zu schaffen, um sich zufriedenzustellen.

Es gibt eine einfache Rechnung dafür: Wenn man es sich anfangs schwer macht (langer Spannungsbogen), hat man es später leichter. Man kann es sich aber erst einmal leicht machen (kurzer Spannungsbogen), dann hat man es eben später schwerer.

Was darf nicht leben?

Immer diese schlechte Laune

Thomas verlässt schlecht gelaunt das Büro. Kaum betritt er sein Haus, fängt er an, mit seinen Kindern zu schimpfen und seine Frau Clara zu kritisieren, oder er setzt eine unzufriedene Miene auf. Nun hat Clara ihm ein Ultimatum gestellt. Schon der Kinder wegen geht es so nicht weiter, denn sie haben es sich inzwischen abgeschaut und machen es genauso wie der Vater. Läuft bei ihnen etwas nicht glatt, demonstrieren sie schlechte Laune oder schreien herum. So kann man eine weitere Generation Schlechtgelaunter heranziehen.

Schlechte Laune kennt jeder, entweder bei sich selbst oder bei anderen. Sie überfällt den Betroffenen aus heiterem Himmel mit einem undefinierbaren Gemisch aus Unzufriedenheit, Wut und Deprimiertheit. Körper und Seele werden nach unten gezogen, sogar die Mundwinkel gehen abwärts. Tiefes Seufzen gehört auch dazu.

Eigentlich ist die schlechte Laune so etwas wie die kleine Schwester der Depression. Die Depression bedrückt mehr nach innen, während es die beliebteste Methode der Schlechtgelaunten ist, sie an Anderen auszulassen, am besten an Menschen, bei denen man keine Folgen zu befürchten hat.

Aber auch in der Ehe ist die gängige Auffassung fatal, dass man doch wenigstens hier seine schlechte Laune rauslassen darf. Von wegen! Schlechtes führt nur zu Schlechtem. Wie sollen die Partner einander denn erotisch attraktiv finden, wenn beide glauben, das eigene Unangenehme müsse man beim Anderen los werden, anstatt es in sich selbst zu verarbeiten?

Schlechtgelaunte verraten ihrem Gegenüber mehr über ihre Lebenseinstellung, als sie ahnen und als ihnen wahrscheinlich lieb ist: Das Leben müsste schöner, leichter, in jedem Fall aber anders und besser sein, als es gerade ist. Darauf haben sie einen verborgenen Anspruch.

Dass sie dafür, dass das Leben besser wird, immer wieder etwas tun können und müssten, haben sie noch nicht im Blick, oder sie weigern sich, es zu sehen. Zum Beispiel Lars, der dauernd schlechte Laune ausstrahlt, weil er sich zu dick und daher nicht fit fühlt. Abnehmen ist aber kein Thema.

Oder Martin, zwölf Jahre, der zu Hause sehr schlechte Laune verbreitet, weil er eine Vier in Mathe hat. Den Zusammenhang zwischen Lernen und Noten erkennt er lieber noch nicht. Soll man dann keine schlechte Laune haben?

Das nicht! Schlechte Laune kann ein sehr nützliches Signal sein, darauf aufmerksam zu werden, dass man vor lauter illusionären Erwartungen und Vorstellungen über das Leben verpasst zu sehen, wie es gerade wirklich ist und wo man es dann durch eigenes Tun im Augenblick verändern könnte. Auf die eigene schlechte Laune achten heißt aber nicht, sie an Anderen auszulassen.

Traurig im Frühjahr

Gabriele wundert sich über sich selbst: »Bei diesem schönen Wetter und dem fröhlichen Vogelgezwitscher müssten doch meine Probleme von selbst verschwinden! Richtig gut drauf sein müsste ich, voller Energie und Lebensfreude. Und was geschieht mir? Ich werde immer trübseliger und trauriger, wie gelähmt! Was könnte ich alles unternehmen, und ich nehme doch nichts in Angriff. Am liebsten möchte ich mich im Bett verkriechen!«

Die meisten Menschen lassen sich vom Frühling mit seiner Wärme und dem strahlenden Licht, seinem Blühen und Grünen anstecken. Sie nutzen das Keimen und Knospen, um Schwung zu holen zum eigenen seelischen Frühjahrsputz, zum Lockern von Hemmungen und Beklemmungen. Sie beantworten sein äußeres Angebot mit einem positiven inneren Echo. Aber nicht allen Menschen ist dies vergönnt!

Statt offen zu sein für alles, was ihnen der Frühling bieten könnte, setzen Andere sich unter Druck und sehen statt der Fülle von Möglichkeiten überall Erwartungen auf sich zukommen: Im Frühling hat »man« aktiv, lebensfroh und frei von Problemen zu sein. Wenn das nicht so ist, halten sie sich für »falsch« oder »gestört« und werden mutlos. Auf diese Weise kann man sich am Frühling auch depressiv machen.

Eine andere Variante lautet: »Um im Frühling glücklich sein zu können, müsste ich einen Partner (oder eine Partnerin) haben.« Aber auch ein Garten oder wenigstens ein Balkon gehören für viele Menschen zu den äußeren Voraussetzungen, unter denen sie erst bereit wären, sich vom Frühlingsrausch mitreißen zu lassen.

Aber selbst mit einem Garten kann man sich im Frühling die Laune verderben. Menschen, die überall Leistungsdruck wittern, hört man jetzt sagen: »Schrecklich, jetzt geht das wieder los, jetzt kommt die Gartenarbeit wieder auf mich zu!« Statt Blumen und Blüten sehen sie vor allem das Unkraut. »Aber es ist doch tatsächlich da, das Unkraut. Überall kann ich es doch sehen!« Das ist klar!

Aber wir könnten den Frühling doch zum Anlass nehmen, die eigene Sichtweise noch einmal zu überprüfen: Könnte ich meinen Gedanken nicht eine zusätzliche Richtung hinzufügen, nämlich weg vom Unkraut (das ich damit ja nicht vergesse!) hin zu den Blüten? Je mehr ich in meinen Gedanken den Blüten Raum gebe, desto weniger dominiert der Gedanke an das Unkraut. Die Kunst besteht darin, wohl wissend, dass es auch das Schwierige, das Dunkle, den Winter, die Kälte und den Tod gibt, sich dem Hellen, Leichten, Bunten zuwenden zu können.

Oder: Warum glauben wir eigentlich unentwegt, dass wir alles Mögliche erst einmal brauchen, um glücklich zu sein? Sind wir da nicht viel zu abhängig von äußeren Bedingungen?

Natürlich kann ein Frühling mit Partner besonders schön sein oder mit Garten oder Balkon. Aber kann ich mein Leben nicht auch ohne das alles »reizvoll« gestalten und empfinden? Und: Muss ich weiterhin überall vermutete Anforderungen erfüllen oder kann ich mir endlich klar machen, dass ich gar nichts muss: Ich muss nicht spazieren gehen, nur weil die Sonne scheint; ich muss nicht fröhlich sein, wenn ich es gerade nicht bin. Im Ich-muss steckt weder Initiative noch Temperament, sondern nur Müdigkeit.

Vielleicht könnte ich also besonders im Frühling mein Temperament wieder etwas blank polieren. Nach so einem seelischen Frühjahrsputz können Glücksgefühle, Lebenslust und Begeisterung wieder sprießen. Dann heißt es: Frühlingsgefühle? Die dauern bei mir bis in den Herbst hinein!

Depression im Glück

Thomas ist beruflich erfolgreich und wohlhabend. Er hat eine Familie, mit der er sehr glücklich ist, und er liebt seine Frau und die Kinder über alles. Statt sich über sein Glück zu freuen, es auszukosten und zu leben, ist er mehr damit beschäftigt, dass seine Kinder verunglücken oder dass er verarmen und seine Familie nicht mehr ernähren könnte.

Manche wohlhabende Menschen haben solche Angst, arm zu werden, dass sie daran öfter denken als an ihr schönes Leben. Oder wenn sie einen geliebten Menschen gefunden haben, fürchten sie andauernd, dass er verunglücken könnte, anstatt mit ihm glücklich im Jetzt zu leben.

Natürlich kann jederzeit im Glück ein Unglück geschehen.

Wer das nicht aushält und denkt, es müsse immer gut bleiben, ist der dunklen Kehrseite des Lebens, dem Schrecklichen, dem Negativen, wehrlos ausgeliefert, denn er denkt: Es darf nicht sein, es muss weg, und nicht: Es gehört dazu.

Gerade freuen sich die Betroffenen noch über Sonne und Wärme, da bricht eine düstere Stimmung über sie herein. Nichts geht mehr. Sie verlieren jeden Antrieb, fühlen keinerlei Freude mehr, haben Zukunftsängste, sehen alles in düsteren Farben und möchten sich nur noch ins Bett legen. Statt das Hoch genießen zu können, fürchten sie das Tief, weil sie es nicht als zum Leben dazugehörend empfinden. Auch sie hoffen zu stark: »So schön sollte mein Leben immer bleiben.« Und da sie wissen, dass das nicht zu halten ist und dass sich immer wieder auch das Schlechte und das Schwere einstellen werden, versinken sie schon bei dem Gedanken an schlechteres Wetter in Trostlosigkeit.

So ganz unbekannt ist das nicht! Es kann alle glücklichen Zustände betreffen, nicht nur Sonne und Wärme. Schauen wir in die Literatur: Till Eulenspiegel ging beim Wandern am liebsten bergab, weil das so schön leicht geht. Doch gerade dann wurde er immer ganz traurig. Er selbst sagte bekümmert: »Ich warte schon darauf, dass ich bald wieder bergauf muss.«

Wenn es schön ist, möchten andere Menschen die Zeit und sich selbst anhalten. Da ist es logisch, dass manche Seele sich hier nicht anders zu helfen weiß, als den Antrieb einzustellen, um im Guten stehen zu bleiben und nicht auf das Schlechte hin zu marschieren. Leider verschwindet mit diesem Totstellreflex auch ihre Fähigkeit zu Freude und Lebendigkeit.

Glück und Unglück gehören zusammen. Mit einer depressiven Einstellung hat der Mensch nur die Kraft für die eine Seite des Lebens. Zur seelischen Gesundheit gehört aber die Kraft, beide Pole des Lebens gleichermaßen auszuhalten, mit den guten wie den schweren Dingen gleichzeitig einverstanden zu sein.

Reißt man die beiden Seiten auseinander und möchte nur das Gute, Schöne, und Helle, dann meldet sich die dunkle Seite als Bedrohung umso nachdrücklicher. Dann ist, wie der Dichter sagt, das Schöne der Anfang vom Schrecklichen.

Stress entsteht im Kopf

Klaus beklagt sich: »Ich werde immer unzufriedener, nervöser, hektischer und ungeduldiger mit mir und anderen. Sogar vergesslich werde ich und kann mich weder richtig konzentrieren noch klar denken. Permanent habe ich Angst, nicht alles zu schaffen, was von mir erwartet wird. In letzter Zeit leide ich sogar unter Kopf- und Magenschmerzen. Dabei arbeite ich eigentlich gern, sowohl in meinem Beruf als auch im Haus und für meine Familie. Aber in den letzten Monaten ist der Stress einfach zu groß geworden, und es ist keine Entspannung in Sicht.«

Stress ist zunächst einmal nichts anderes als eine natürliche, biologische Reaktion von Körper und Seele auf alle intensiven Reize, die auf uns zukommen, sowohl aus der Umwelt (Beruf, Familie, Lärm, finanzielle Sorgen) als auch aus der Innenwelt (sich selbst unter Druck setzen, Zweifel, negative Gefühle). Aber auch positive, interessante Ereignisse wie die Geburt eines Kindes oder eine unerwartete Beförderung gehören zu den Stressfaktoren, kurz Stressoren genannt.

Zu krankmachendem Stress kommt es erst dann, wenn die Stressoren überhand zu nehmen scheinen, wenn kein Ende der Überlastung in Sicht ist und die Situation als unausweichlich erlebt wird.

Auf dieses subjektive Gefühl kommt es an und nicht

so sehr auf die Stressoren selbst. Denn viele Menschen stehen ähnlich wie Klaus unter der doppelten Belastung von Beruf und Familie. Wir Menschen unterscheiden uns hauptsächlich darin, wie wir auf die Anforderungen und Belastungen reagieren, die wir zu bewältigen haben. Das ist unterschiedlich und hängt von der *Persönlichkeit* des Einzelnen ab, von seiner seelischen und körperlichen Verfassung.

Stress entsteht im Kopf – und jeder Kopf ist einmalig. Stress ist also vor allem eine Sache der inneren Bewertung, wie wir am Beispiel von Moritz und Klaus sehen können: Sie sind gute Freunde. Sie haben verantwortungsvolle Jobs und eine Familie mit kleinen Kindern. Neben vielen Terminen und Auseinandersetzungen mit Mitarbeitern stehen abends noch Hausarbeiten an, und es sind unendlich viele Kleinigkeiten mit den Kindern zu erledigen. Beide sind ähnlichen äußeren Belastungen ausgesetzt und reagieren doch grundverschieden.

Moritz war bei aller Anstrengung gut gelaunt und es machte ihm Spaß, seine Kräfte auf so unterschiedlichen Feldern wie Beruf, Familie und Haushalt temperamentvoll einzusetzen. Für ihn war die permanente Bewältigungsmaschinerie wie ein Lebenselixier. Schließlich hat er genau diesen Arbeitsplatz gewollt, der ihm mehr abverlangte als die vorherige. Er wollte genau diese Frau, obwohl er wusste, dass er sich neben Dörte als Ehemann und Vater nicht hängen lassen und sich von ihr versorgen lassen kann. Er wollte diese Kinder, für die er sich als Vater voll einsetzen möchte. Dass es manchmal etwas zuviel auf einmal wird, ist für ihn selbstverständlich. Es gehört einfach dazu. Dann holt er tiefer Luft und setzt alle Kräfte ein, über die er verfügt.

Was für Moritz eine Herausforderung war, führte bei Klaus zu Überlastung und Krise.

Moritz und Klaus hatten in puncto Stress ein höchst unterschiedliches Naturell. Moritz nahm sich selbst innerlich ernst und wichtig. Von daher kam es für ihn nicht infrage, sich innerlich so unter Druck zu setzen. Er achtete besser auf sich. Mit seiner Frau hatte er ausgemacht, dass er nach der abendlichen Begrüßung eine Viertelstunde Pufferzone für sich allein hatte, in der er zu sich kommen und sich danach besser auf die häusliche Situation einstellen konnte. Diese kurze Regenerationspause gönnte sich selbstverständlich auch seine Frau, wenn sie nach ihm eintraf.

Ein solches Ritual kannte Klaus nicht. Er hatte immer das Gefühl, er müsse sofort für alle da sein, sonst bekam er ein schlechtes Gewissen und machte sich Vorwürfe.

Und überhaupt hatte er gegenüber Moritz einen großen Nachteil: Zunächst wollte auch er einen anspruchsvollen Job und die nicht gerade bequeme, aber interessante Frau Iris, dazu die beiden Kinder. Für ihn war es aber nicht selbstverständlich, dass zu diesen glücklichen Umständen andererseits auch Schwierigkeiten, Reibereien und Belastungen auf ihn warteten. Sobald es in seinem Leben schwierig und diese Schattenseite des Glücks sichtbar wurde, verlor er das Gefühl dafür, dass dies alles sein eigener Wunsch war. Und damit verlor er zugleich die Kraft, die Probleme mit leichter Hand zu bewältigen. Klaus hatte in jede Richtung immer nur das Gefühl: »Ich muss, ich muss.« Und unter dieser Bedrückung wurde seine Vitalität geradezu zermalmt.

Mit Stress so fertig zu werden, dass man nicht krank wird, ist heutzutage eine besondere Kunst. Schließlich

sind die Anforderungen, die auf uns einstürmen, tatsächlich höher als früher – sowohl in der Anzahl als
auch in der Schwere. Zum Beispiel wollen viele Frauen
und Männer heute sowohl Mutter und Vater sein als
auch einen Beruf ausüben. Und das heißt keinesfalls,
dass dies bei jeweils geteilter Arbeit in Haus und Kin-
derstube die gleiche Belastung wie früher ist. Schließlich ist man *innerlich* weiterhin gleichzeitig und parallel ganztags sowohl Vater und Mutter als auch mit dem
Beruf beschäftigt.

Viele Regeln, Normen und Rituale sind verschwunden und zwingen die Einzelnen bei jeder Kleinigkeit im
Beruf wie bei den Kindern, mehrere Alternativen selbst
abzuwägen. Ständig müssen sie sich entscheiden, oft
ohne sich die Folgen ihrer Entscheidungen vorher aus-
malen zu können. Diese und viele andere vermehrte
Belastungen verlangen heute eine bessere Stressbewältigung als früher.

Da der Umgang mit Stress für jeden Menschen spezi-
fisch ist, muss auch der Ausweg für jeden anders sein.
Nur eines ist ähnlich: Äußere und innere Strategien der
Stressbewältigung sollten ineinandergreifen.

Beruhigende Tätigkeiten wie Lesen, Musikhören,
Spazierengehen, ein warmes Bad, ausreichender Schlaf
und viele andere entspannende und lustvolle Methoden
sind wichtig und hilfreich. Sie beheben aber nicht die eigentlichen Ursachen des krank machenden Stress. Daher sollten sie durch ein Innehalten und ein Überprüfen
tieferer Ursachen der Stressanfälligkeit ergänzt werden.

So kommt es bei der Stressbewältigung darauf an,
den negativen Gedanken, Selbstvorwürfen, Schuldgefühlen und übersteigerten Perfektionserwartungen, die

den Alltagsstress zusätzlich verschärfen, auf die Spur zu kommen. Wenn man ihnen aufmerksam begegnet, können sie nicht mehr so viel Macht über uns behalten und uns unter Stress setzen. Das ist so wichtig, weil schließlich ein erlebnisreiches, abenteuerliches, vielfältiges Leben nur derjenige führen kann, der körperlichem, seelischem oder sozialem Stress gut gewachsen ist.

Ich kann nicht mehr!

Von Hilde hört man in letzter Zeit oft den Seufzer: »Ich kann nicht mehr.« Bei jeder Gelegenheit lässt sie sich mit diesem Satz in ihren Sessel fallen und gerät in eine hilflose, passive Unzufriedenheit.

»Ich kann nicht mehr« gehört inzwischen zu den überstrapazierten Sätzen unserer Zeit und ist oft Ausdruck einer leicht depressiven Stimmung. Man hört ihn genauso oft von Gesunden wie von Kranken. Dabei ist es erstaunlich, wie unterschiedlich – ja gegenteilig – die Appelle sind, die sich dahinter verbergen können.

Für den einen wird »ich kann nicht mehr« zum Beginn einer positiven Entwicklung und kündigt eine Veränderung an, die lange fällig war. Er hat verstanden, dass er das alte Leben so nicht fortsetzen kann, ohne schweren Schaden zu nehmen. Oft wird diese notwendige Umkehr durch Krisen eingeleitet oder gar erzwungen. Wenn zum Beispiel Magenschmerzen, Herzbeschwerden den eigenen Körper quälen oder Schlafstörungen, Unruhe und Angst die Seele verstören, ist es höchste Zeit, zu überprüfen, ob das vorherrschende Lebensprinzip immer noch tauglich ist.

Das kann das Prinzip Leistung sein, das übermäßig gesteigert zur Überlastung führt, aber auch das Prinzip Ersatzbefriedigung, bei dem vermehrtes Konsumieren (Essen, Trinken, Rauchen, Kaufen) im Vordergrund steht. »Ich kann nicht mehr« bedeutet dann: Soviel ich auch leiste, trinke, kaufe, es hilft mir nicht, zufrieden zu werden, sondern es macht mich fertig und ruiniert mein Leben.

Beide Prinzipien dienen in diesen Fällen dazu, eine zentrale innere Beunruhigung zum Schweigen zu bringen, anstatt ihr Gehör zu schenken und ihr Platz zu verschaffen. Für eine Weile kann man sich tatsächlich so beruhigen, dann aber braucht man immer mehr vom Leisten, Trinken oder Kaufen, bis man eben zusammenbricht.

Fast gegenteilig wird »ich kann nicht mehr« von Menschen benutzt, die zu früh einer notwendigen Anforderung ausweichen. Sie haben im Laufe ihres Lebens erfahren, dass immer schnell jemand zur Stelle war, der ihnen die Arbeit abgenommen hat, wenn sie schwerer zu werden drohte. So wird Anstrengung zu etwas Schlechtem, das man vermeiden muss, heutzutage oft auch aus einer Leistungsfeindlichkeit heraus. Diese Haltung hindert ihre Träger daran, die eigenen Grenzen auszuprobieren und sie auch zu überschreiten.

Sie müssen dauernd motiviert werden und einen Lustgewinn vor Augen haben, um sich ihren Aufgaben zuwenden zu können. Sie geben dann aber auch schnell auf mit der Entschuldigung: Ich kann nicht mehr.

Wer nicht von dieser Wehleidigkeit befallen ist, wird seine Fähigkeiten und Kräfte voll einsetzen können, um seine Ziele zu erreichen. So nehmen viele junge Mütter, die gleichzeitig auch weiter berufstätig sein wollen, lange und starke Belastungsstrecken in ihrem Leben in Kauf. Von ihnen hört man viel seltener: »Ich kann nicht mehr«, sondern eher: »Wie schaffe ich das?« oder: »Wie muss ich alles organisieren, um das, wofür ich mich entschieden habe, auch zu bewältigen?« Ihr Ziel ist, auch später, wenn die Kinder sie nicht mehr so stark in Anspruch nehmen und schließlich gar nicht mehr brauchen, ein erfülltes, interessantes Leben führen zu können.

Nicht zuletzt gibt es auch solche Menschen, die sich nur dann wichtig fühlen, wenn sie wie »am Rande der Erschöpfung« wirken. Für sie kann der Satz »ich kann nicht mehr« bedeuten: »Ich bin so überlegen, weil ich so viel zu tun habe, und ich will dafür bewundert werden.« Sie drücken dies nicht in solchen Worten, sondern durch einen gequälten Gesichtsausdruck und tiefe Seufzer aus.

Auch in der psychotherapeutischen Arztpraxis hört man diesen Seufzer »ich kann nicht mehr« heutzutage sehr oft.

Aus welcher Quelle dieser Satz auch immer stammt, ob aus der Angst vor notwendigen Veränderungen eines selbstzerstörerischen Lebensstils oder einer Schonhaltung, die den Menschen hinter die eigenen Möglichkeiten zurückwirft, wird sich schnell herausstellen. In jedem Fall erzwingt der Satz »ich kann nicht mehr« eine Veränderung und sollte als Ende einer unguten Entwicklung und zugleich als Impuls für einen Neubeginn behandelt werden – für einen Neubeginn in einen angemessenen Umgang mit den eigenen Kräften hinein.

Leiden am »schlechten Gewissen«

»Lass' mal die Bäume nicht in den Himmel wachsen ...«
»Vögel, die morgens singen, holt am Abend die Katz'.«
»Freu dich nicht zu sehr, sonst geht es schief.«

Was haben diese Sprüche aus dem Volksmund gemeinsam?

Sie sollen die Angesprochenen nicht etwa am Größenwahn hindern, sondern sind vielmehr dazu da, sie zu ducken und klein und ruhig zu halten. In jedem Fall aber wird sich ihr schlechtes Gewissen melden, wenn sie gegen diese Drohungen verstoßen, und sie daran hindern, kräftig, kompetent, temperamentvoll und fröhlich da zu sein.

Viele Menschen wissen nicht, dass sie an einem Gewissen leiden, das ihnen das Leben schwer macht, anstatt ihnen dabei zu helfen, dass alles leichter von der Hand geht. Denn dazu wäre es eigentlich da. Ein solches schlechtes Gewissen kann sogar krank machen. Nicht umsonst heißt es: »Ein gutes Gewissen ist ein sanftes Ruhekissen.« Nach dieser Volksweisheit kann ein »schlechtes« Gewissen des Nachts zu einem Nadelkissen werden, das die Betroffenen um den Schlaf bringt.

Was ist ein »schlechtes« Gewissen? Hat man ein schlechtes Gewissen, wenn man etwas Verbotenes getan hat? Im Allgemeinen denkt man so. Man kann es aber auch anders sehen: Ein schlechtes Gewissen setzt seinen Besitzer so stark unter Druck, dass er dauernd das Gefühl hat, nicht in Ordnung zu sein oder etwas falsch gemacht zu haben – selbst wenn das nicht der

Fall ist. Will er es sich gut gehen lassen, meldet sich das Gewissen mit Unbehagen oder Gewissensbissen und verstummt erst, wenn sich sein Träger wieder ordentlich unter Stress gesetzt hat.

Wer auf diese Weise mit seinem »schlechten Gewissen« gegen sich ist, um brav zu sein, leidet oft unter Selbstzweifeln, Zwängen, Arbeitsstörungen und Prüfungsängsten, die so stark werden können, dass sogar eine Psychotherapie notwendig wird. Das Gewissen stellt dann so hohe Anforderungen, dass das eigene Können, daran gemessen, als ziemlich gering erlebt wird. Nur höchste Leistung und beste Noten zählen. Schon ein bisschen weniger Erfolg wäre Misserfolg.

Aber auch ein zu schwaches Gewissen verhilft nicht zu einem guten Leben. Es ist leicht verführbar zu kurzlebigen Befriedigungen, Entlastungen und Vergnügungen und verliert dafür schon einmal das dauerhafte Wohlergehen seines Besitzers aus den Augen. Sobald es im Leben ein wenig schwieriger wird oder irgendetwas durchzustehen ist, flüstert es: »Es geht auch leichter …«

Ein gutes Gewissen regelt den Umgang mit uns selbst und anderen Menschen auf eine kompetente und hilfreiche Weise. Es ist wie ein Verkehrspolizist, der den Verkehr so regelt, dass alle Beteiligten so schnell wie möglich zu ihrem Ziel kommen und so wenig wie möglich anecken. In unserem Inneren passt ein gutes Gewissen auf, dass unser Denken, Fühlen und Handeln mit unseren Werten übereinstimmen. Auch wenn wir einen Fehler gemacht haben, verschwenden wir dann nicht wertvolle Energie durch Selbstbeschuldigungen. Wir verwenden sie zur konstruktiven Bewältigung des Lebens, indem wir Verantwortung für das eigene Handeln übernehmen.

Und was die Volksweisheit betrifft: Ein gutes Gewissen würde uns dabei helfen, den Baum so hoch in den Himmel wachsen zu lassen, so hoch er eben kann, ohne umzufallen.

Es würde zum Singen am Morgen und den ganzen Tag ermuntern und gleichzeitig zum Aufpassen mahnen, dass man der Katze nicht zum Opfer fällt.

Es würde zum Freuen anregen und zugleich in Betracht ziehen, dass manches an diesem Tag auch schief gehen kann.

Schuldgefühle können krank machen

Maria suchte eine Psychotherapeutin auf, weil sie seit fünf Monaten depressiv und verzweifelt war. Man sah es ihr an, wie sie von ihrem Kummer niedergedrückt wurde. Es stellte sich heraus, dass sie seit Wochen schwere Schuldgefühle hatte, weil sie ihre 80-jährige Mutter ins Altersheim gegeben hatte, anstatt sie zu sich zu nehmen. Die Mutter war dort in den ersten Tagen so schwer gestürzt, dass sie sich einen Oberschenkelhalsbruch zuzog und an den Folgen starb.

»Ich hätte sie nie ins Altersheim bringen dürfen! Dann wäre sie noch am Leben.«

Die Psychotherapeutin fragte sie: »Hätten Sie sie dorthin gebracht, wenn Sie gewusst hätten, was ihr dort passieren wird?« »Nein, natürlich nicht!« »Das heißt, Sie nehmen es sich übel, dass Sie das Schicksal der Mutter nicht vorausgesehen haben?« »Irgendwie schon!«

Maria quälte sich selbst mit Schuldgefühlen, weil sie

(unbewusst) glaubte, mehr können zu müssen als andere Menschen. Sie hätte Unfall und Tod der Mutter vorausahnen müssen, dann hätte sie sich ohne Schuld gefühlt. Sie ist sehr erleichtert, als sie versteht, dass sie nicht vorher wissen konnte, was sie im Nachhinein wusste. Sie akzeptierte ihre eigene Begrenztheit, nämlich dass sie bei einer Entscheidung, die sie trifft, nicht alle Konsequenzen voraussehen kann. Erst dann konnte sie endlich um den Verlust der Mutter trauern. Solche Selbstquälerei versteckt sich häufig hinter Schuldgefühlen, die manche Menschen nach schweren Schicksalsschlägen haben, an denen sie in irgendeiner Weise beteiligt waren. Schuldgefühl statt Trauer entsteht auch, wenn Menschen nicht akzeptieren können, dass ihre Wahrnehmung und ihre Fähigkeiten in bestimmten Situationen eingeschränkt sein können.

So ging es dem 23-jährigen Wolfgang. Er hatte bei einer Autofahrt mit einem Freund eine Kurve falsch eingeschätzt und sich mit dem Auto überschlagen.

Der Freund hatte ein Bein gebrochen. Wolfgang beschimpfte sich selbst nun schon seit Wochen wegen dieser Unfähigkeit beim Autofahren, durch die sein Freund zu Schaden kam. Seine Schuldgefühle führten zu Schlafstörungen und lenkten ihn von der Arbeit ab.

Dieses Sich-selbst-Beschimpfen führt aber kaum zu einer Verbesserung seiner Fahrkünste – geschweige zu einer Auseinandersetzung mit dem Geschehenen.

Viele Menschen glauben, sich für schuldig zu erklären reiche aus. Aber dann wiederholen sie ihre Fehler in der nächsten vergleichbaren Situation, anstatt sich an dieser Stelle weiter zu entwickeln. Verantwortung für sein Handeln zu übernehmen sieht anders aus: Wolfgang wird demnächst Kurven besser meistern. Nicht, weil er sich selbst beschimpft und mit Schuldgefühlen quält, sondern weil er besser aufpasst.

Sich Schuldgefühlen zu überlassen heißt oft, dass man eigentlich glaubt, ein besserer Mensch sein zu können, als man ist – wenn einem nur dieser kleine Fehler nicht passiert wäre. Aber gerade so ist es nicht. Verantwortung für die eigenen Fehler zu übernehmen heißt: Diese Fehler gehören zu mir, sie sind mir wirklich passiert – und ich werde daraus lernen, indem ich sie aufmerksam in den Blick nehme.

Jähzorn – die Rettung vor Ohnmacht

Jochen (33) befürchtete, sich gegenüber seiner dreijährigen Tochter Jessica nicht mehr zügeln zu können und sie zu verprügeln. Immer wenn sie einfach »nein« sagte und nicht tat, was er wollte, wurde er so wütend, dass er beinahe von dieser Wut überrannt wurde. Dies bedrückte ihn umso mehr, als er gegen jede Art von Gewaltanwendung war. Es war ihm klar, dass die Ursache nicht in diesem Kind lag, das einfach Nein-Sagen lernen musste, sondern dass er unter einer massiven Gewaltbereitschaft litt, die er sich nicht erklären konnte. So konnte es nicht weitergehen. Er beschloss deshalb, der Sache auf den Grund zu gehen, und suchte professionelle Hilfe.

In seiner Psychotherapiegruppe verfiel er immer dann in diese Jähzornsausbrüche, wenn er sich in die Enge getrieben fühlte oder wenn er mit seinem Willen nicht durchkam. Nach einem solchen heftigen Ausbruch bat ihn die Leiterin der Gruppe zu beschreiben, wie er sich eine Sekunde vor dem Wutausbruch gefühlt hatte. Zu seiner eigenen Überraschung erinnerte er sich, dass es ein schreckliches Gefühl von Hilflosigkeit und Ohnmacht war, das ihn immer kleiner werden ließ, und bevor er sich selbst verloren ging, hatte er sich in den Wutanfall gerettet.

Die Spur dieses Mechanismus führte zurück in Jochens Kindheit, denn im Gespräch stellte sich heraus, dass seine Mutter, in bester Absicht, ihm das Leben stets zu erleichtern, Schwieriges von ihm fern hielt oder aus dem Weg räumte. Von ihr konnte er also nicht lernen, mit unangenehmen Situationen selbst konstruktiv und kämpferisch umzugehen. Wenn er später in Schwierigkeiten mit anderen Menschen geriet, wie jetzt mit Jessica, fühlte er diese Unfähigkeit in sich aufsteigen und war ihr immer stärker ausgeliefert und rettete sich schließlich in Wut.

Was die Mutter gegenüber Jochen zu wenig einsetzte, nämlich Grenzen ziehen, Folgen spüren lassen, sich mit ihm konsequent auseinandersetzen, tat der Vater zu viel. Er behandelte ihn extrem streng und verhielt sich ihm gegenüber sehr aggressiv. Er schlug ihn sogar, wenn er nicht seinen Anforderungen entsprach oder nicht in sein Bild von einem gehorsamen Sohn passte. Im Kontakt mit dem Vater konnte er sich also auch nicht mit der nötigen Kompetenz ausstatten, um Konflikte angemessen zu managen. Außerdem geriet der Vater offensichtlich selbst in einen ähnlichen Zustand, wie Jochen gegenüber seiner kleinen Tochter, wenn diese widerspenstig wurde. Er hatte sich diese Neigung zu Wutanfällen dazu noch vom Vater abgeschaut.

In seiner Gruppe erzählte Jochen, dass er von einem randalierenden, sehr aggressiven Affen geträumt hatte, der durch sein Haus tobte und den er zu bändigen versuchte. Er war im Verlauf seiner Entwicklung in der Gruppentherapie in einen humorvollen Dialog mit seinem Unbewussten geraten und nannte die Jähzorns-Stimme in sich: »Du aggressiver Affe!« Das heißt, er wusste schon bis in den Traum hinein, dass er in seinem Inneren noch Zivilisations- und Zähmungsarbeit an dieser Aggressivität leisten musste. Das ist wichtig, weil jedes Mal, wenn er seine aufsteigende Wut mit einem Wutanfall bekämpft, sein Erleben und Verhalten fester in diese Richtung gebahnt und damit verstärkt wird.

Auch die andere Seite in ihm, die sich so schnell klein und hilflos fühlt und diese Wutanfälle dann braucht, um nicht ganz zu verschwinden, brauchte Hilfe. In dem kleinen Spielraum weniger Sekunden vor dem Wutanfall lernte er, sich zu erinnern, dass er neben dem ganz Kleinen auch ein sehr erwachsener Mann war, der sich selbst steuern konnte. Das vergaß er nämlich immer dann, wenn er einen Jähzornsausbruch bekam.

Eine der allerschwierigsten Aufgaben im menschlichen Leben ist der Umgang mit der eigenen Ohnmacht, die aufsteigt, wenn man sich einer Situation nicht gewachsen fühlt, sich nicht durchsetzen kann oder sich minderwertig fühlt, weil man einen unhaltbaren Zustand nicht verbessern kann. Ein Beispiel ist das Prügeln von Kindern bis hin zur Misshandlung, so etwa Doris, die beschreibt, wie sie sich ihrem schreienden Baby innerlich nicht gewachsen fühlt und in einen unerträglichen Zustand von Ohnmacht gerät. Sie glaubt, das Schreien des Kindes abstellen zu müssen, und fühlt sich außerdem minderwertig, weil sie ihr Kind nicht zufriedenstellen kann. Diese Hilflosigkeit und eine zusätzliche Kränkung wegen ihres Unvermögens als Mutter können bei ihr eine unsteuerbare Wut auf das Kind entfesseln. Doris hört aus dem Schreien eine Anklage heraus und versucht diese (zum Beispiel indem sie das Kind schüttelt) zum Schweigen zu bringen.

Die notwendigen Entwicklungsprozesse, die oft therapeutische Begleitung brauchen, führen im besten Fall dazu, dass ehemals jähzornige Menschen wie Jochen und Doris sich in Konfliktsituationen nicht mehr verloren gehen. Und selbst wenn sie in der Auseinandersetzung mit einem anderen Menschen – und sei es ein hilfloses Baby – unterliegen, können sie sich dann trotzdem intakt und vollständig fühlen und brauchen nicht außer sich zu geraten.

Sammeln – Lust oder Leid

Benedikt sammelte Fachzeitschriften. Schon lange war er nicht mehr nachgekommen, sie alle zu lesen. Immer wieder schielte er auf den Stapel inzwischen alter Zeitungen, der wuchs und wuchs. Aber wegwerfen konnte er sie nicht. Langsam wurden sie zu einem echten Problem, weil er in seinem Arbeitszimmer kaum noch Platz zum Arbeiten fand und darüber nachzudenken begann, den nächsten Stapel ins Wohnzimmer zu verlegen.

Ähnliche Probleme hat Laura mit ihrem Kleiderschrank. Er quillt über und sie findet ihre Lieblingssachen kaum noch. Gründe, die alten Kleider nicht wegzuwerfen, findet sie immer.

Die wahren Gründe, sich von alten Kleidern und anderem nicht trennen zu können, liegen jedoch woanders. Auf körperlichem Gebiet ist es uns doch klar: Wenn das alte Zeug nicht hinausbefördert wird, während immer neues hinzukommt, gibt's eine Verstopfung. Abführmittel oder gar ein Klistier werden notwendig.

Mit der Seele verhält es sich ähnlich. Wenn es uns nicht gelingt, dauernd alte Erlebens- und Verhaltensweisen zu überprüfen und über Bord zu werfen, dann sammeln sie sich an und verstopfen unser Leben.

Es gab und gibt Zeiten, in denen materielle Substanz die wichtigste Existenzgrundlage war und ist; am Anfang der Menschheitsgeschichte sicherten außer den Jägern auch die Sammler das Überleben.

In der individuellen Lebensgeschichte sind es die Hosentaschen kleiner Kinder zwischen zwei und vier Jahren, wo sich Murmeln, Muscheln, Hagebutten ansammeln. Auch Bildchen werden gesammelt – alles wichtige Schätze. Sie werden gehortet, gestapelt, sortiert. Der Umgang mit den Dingen will gelernt sein.

Wird aber die seelische Quelle der Existenz weiterhin ausschließlich in der Materie, also den Dingen und Sachen gesucht, dann wird verständlich, dass auch der erwachsene Mensch diese ansammeln muss. »Ich bin, was ich habe«, lautet das unbewusste Lebensmotto dieser Menschen. Dann darf natürlich auch nichts weggeworfen werden, weil ja in den Dingen das ganze Sein steckt. Sie müssen so viel wie möglich sammeln, denn so viel sind sie dann wert.

Wenn man Gesammeltes nicht loslassen, verkaufen oder wegwerfen kann, ist der eigene Selbstwert (»Ich bin, was ich bin«) noch nicht entwickelt, der unabhängig von der Materie bestehen sollte.

Extrem belastend wird es allerdings dann, wenn ein Mensch zum Beispiel seine Wohnung nicht mehr benutzen kann, weil die Stapel sich über alle Räume ausgebreitet haben und der Bewegungsraum auf einen schmalen Pfad durch die Wohnung und zum Bett eingeengt ist.

Der echte Sammler – zum Beispiel von Kunst – kann zwar auch sammeln, horten, stapeln, sich aber auch von einem Kunstwerk trennen, wenn seine Leidenschaft dafür erlischt, weil er ein anderes Kunstwerk für besser hält oder weil der Künstler sich nicht weiter entwickelt und damit auch die Geschichte des Kunstwerks stagniert.

Hinter der Hemmung, Angesammeltes wegzuwerfen, steckt auch die Angst vor Veränderung und der Wunsch nach Sicherheit. Denn Veränderungen sind immer eine Herausforderung an das Sicherheitsbedürfnis.

Manchmal sind diese Ängste und Wünsche aber so etwas wie »Ruinenpflege«, die man ja auch einmal überprüfen könnte, ob sie nicht längst überholt ist.

Von den Schwierigkeiten im Urlaub

Marc ist erfolgreicher Manager und wollte im Urlaub einmal alles hinter sich lassen. Aber gleich am zweiten Urlaubstag musste er wegen Herzstolpern einen Arzt aufsuchen. Er verstand die Welt nicht mehr: Ausgerechnet jetzt, wo er den Sorgen und Anstrengungen des Berufsalltags entkommen war, holten ihn plötzlich körperliche Beschwerden ein.

Nach leichten Schwankungen zwischen Hektik und Langeweile pendeln sich die meisten Menschen schnell in ihren eigenen Ferien-Rhythmus ein.

Viele klagen aber auch besonders in den ersten Tagen des Urlaubs über körperliche Beschwerden. Da treten beispielsweise Kopfschmerzen, Magenschmerzen und Erkältungen oder, wie bei Marc, Herz-Rhythmusstörungen auf. Manche verstauchen oder brechen sich gar Arm oder Bein.

Marc waren, ohne dass er es bemerkt hatte, in seinem normalen Leben der Eigen-Rhythmus und die innere Steuerung abhanden gekommen.

Wie viele Manager wird auch er von seinen Aufgaben, seiner Sekretärin und vom Chauffeur von Termin zu Termin durch den Tag gesteuert. Seine Tage werden also stets von Außen strukturiert. Als diese Taktgeber zu plötzlich wegfielen, geriet seine innere Steuerung am Herzen zunächst ins Stolpern und musste den eigenen Rhythmus erst wiederfinden.

Andere Urlauber brechen sich gleich in den ersten Urlaubstagen Arm oder Bein oder verstauchen sich den Fuß. Manche kommentieren selbst einen solchen Unfall als »nicht schnell genug erfolgte Umstellung auf die eigene Gangart«. Sie sagen auch: »Im Urlaub kam kein Marschbefehl mehr von außen und ich habe nicht schnell genug selbst wieder Tritt gefasst. Da bin ich erst einmal über meine eigenen Beine gestolpert.«

Für beide Fälle gilt: Oft reicht es schon, wenn man weiß, dass man in den ersten Urlaubstagen die Steuerung und den Rhythmus auf »Eigenbetrieb« umstellen muss. Man bemerkt das Problem daran, wenn man sich selbst reden hört: Was sollen wir denn heute nur machen? Und bemerkt, dass einem das lustvolle Strukturieren des Tages nicht ganz leicht fällt und man sich plötzlich im Entscheidungsnotstand befindet. Da können harmlose Fragen wie: »Gehen wir an den Strand oder in die Stadt?« zum Dilemma werden.

Irene stand in ihrem Alltag immer ein wenig unter Druck. Sie klagte darüber, dass sie so viele Aufgaben auf einmal zu bewältigen hatte, und sie konnte zunächst gar nicht verstehen, dass sie sich im Urlaub mit so vielen Freizeitaktivitäten vollgepackt hatte, dass sie nun schon wieder unter Druck stand. Mit Stadtbesichtigungen, Sportterminen und abendlichen Vorträgen füllte sie ihre Urlaubstage und vermied auf diese Weise die angeblich ersehnte freie Zeit.

Tatsächlich können sich manche Menschen nur wohl fühlen, wenn der Druck stark genug ist, sonst entstehen innere Leere und ein leichtes Empfinden von Wertlosigkeit. Um sich wirklich zu erholen, gilt es hier eher, durch dieses Tal der Unlust und Leere hindurch zu gehen, um sich mit weniger Druck neu kennenzulernen und auf die eigenen Impulse zu warten. Die Unlust dabei ist allerdings nicht zu unterschätzen.

Für manche Paare scheint der Urlaub die Nagelprobe für ihre Beziehung zu sein. Viele kommen sogar mit einer zerbrochenen Partnerbeziehung aus dem Urlaub zurück. Die Statistik weist eine auffällig hohe Zahl an Scheidungswünschen nach Urlauben auf.

Trotz aller Freude über die »schönste Zeit des Jahres« sind doch viele Menschen jetzt unglücklicher, so ohne Job, Kollegen und Freunde. Und manche Paare merken erst ohne Arbeit und Freunde, dass sie sich allein nicht mehr viel zu sagen haben oder sich nicht mehr verstehen – mit oder ohne Worte. Sie hatten vergessen, ihre Beziehung »zu pflegen«.

Andere Paare haben die beiden Pole Entspannung und Aktivität nicht in sich selbst ausbalanciert.

Katrin und Andreas haben sich das einfach aufgeteilt. Katrin will ihre Ruhe haben und lesen, Andreas will einen Berg besteigen, weil das Wetter so schön ist.

Zum Dauerstreit kann es dann kommen, wenn beide diese Aufteilung beibehalten. Sie beharrt auf dem Ruhe- und er auf dem Aktivitätswunsch. So können sie sogar am Ende des Urlaubs das Gefühl bekommen, ihre Einstellungen seien viel zu verschieden.

Ein Ausweg könnte sein, dass der »Abenteurer« Andreas selbst auf sein eigenes Ausruhen achtet und die »Ausruherin« Katrin die eigenen aktiven Impulse in sich wieder mobilisiert. Mit dieser neuen Balance würden sie nicht mehr in Streit geraten und in entgegengesetzte Richtungen »ziehen«.

Die Kunst ist also, entsprechend den eigenen Kräften und Interessen zu handeln. Dann füllt man nicht einmal zuviel und dann wieder zuwenig Aktivitäten in diesen »schönsten« Freiraum des Jahres.

Wenn Körper und Seele »zusammenspielen«

Zwischen »Rückgrat beweisen« und »Katzbuckeln«

Paul ist mit seinem Chef ins Theater gegangen. Als sie ihren Platz einnehmen wollen, beugt er sich zur Seite, um den Klappsitz für seinen Chef bereit zu halten. Dabei spürt er einen stechenden Schmerz in der unteren Wirbelsäule. Dies ist der plötzliche und heftige Beginn einer langwierigen Rückenschmerzen-Karriere.

Da die Schmerzen nicht nachlassen, landet Paul bei einem Orthopäden, der sich zum Glück auch für die psychosomatischen Zusammenhänge, also die komplexen Beziehungen zwischen Körper, Geist und Seele interessiert.

Der Rücken ist ein psychosomatisches Organ, das innere Spannungen und unbewusste Konflikte in Verspannungen der Muskulatur und schließlich in Schmerzen umsetzen kann.

Einer der seelischen Hauptkonflikte, die zu Rückenschmerzen führen – und eben der war es bei Paul –, entsteht aus der Gleichzeitigkeit von zwei entgegengesetzten Wünschen: dem Wunsch, bei sich zu bleiben (Rückgrat zu beweisen!), und dem Wunsch, sich anzupassen oder nachzugeben (Katzbuckeln).

Hätte Paul nur einem Impuls nachgegeben, entweder dem, bei sich zu bleiben, oder jenem, sich ganz dem anderen zuzuneigen, wäre keine Verspannung eingetreten. Erst wenn beide psychischen Kräfte gleichzeitig in verschiedene Richtungen ziehen, kommt es buchstäblich zur Zerreißprobe. Paul konnte sich nicht für die eine *oder* die andere Haltung klar entscheiden. Er wollte einerseits »Rückgrat beweisen«, d. h., sich selbst treu, in gerader Haltung neben seinem Chef bleiben und sich um seinen eigenen Sitz kümmern. Aber da war gleichzeitig in ihm noch eine andere, ängstliche Vorstellung übermächtig, nämlich dass sein Chef diese beflissene Geste von ihm erwartete. Und er konnte diese nicht unterdrücken und bückte sich. Ein Hexenschuss war die Folge.

Die Vorteile von »Katzbuckeln« sind für den Augenblick angenehm: Man hat Freundlichkeit signalisiert, aber eben auch starke Anpassung.

Der andere Pol in der Person, der aufrecht bleiben möchte, meldet sich aber schnell, wenn man sich mit dieser gebückten Haltung zu weit von der eigenen Selbstachtung entfernt hat und damit in Widerspruch zum eigenen Selbstwert geraten ist.

Wie kommt man aus dieser Klemme heraus?

Es geht, wie angedeutet, um eine Entscheidung. Zu einer echten Entscheidung gehört der Verzicht auf die Alternative.

Paul hätte sich dafür entscheiden können, auf sich selbst zu verzichten und sich ganz an die vermuteten Wünsche des Chefs anzupassen. Dann hätte er nur gekatzbuckelt, sich aber nicht verspannt mit dem gegenteiligen Wunsch, gerade zu bleiben.

Entscheidet er sich für »Rückgrat beweisen«, muss er auch die Nachteile in Kauf nehmen, nämlich, dass der Chef vielleicht ungnädig sein könnte.

Die Schultern – zwischen Wagen und Bewahren

Anja besaß eine Bäckerei. Von früh bis spät arbeitete sie mit im Laden, bediente, packte ein und kassierte. In den letzten Monaten hatte sich schleichend eine Verspannung der Schulter- und Halsmuskeln eingestellt, die ihre Arbeitsfähigkeit beeinträchtigte. Anja fühlte sich außerdem belastet durch die Frage, ob sie ihre Bäckerei umbauen sollte, weil der Laden nicht mehr so ganz den technischen und ästhetischen Anforderungen der Zeit entsprach.

Was die Seele nicht verkraftet, übernimmt gutmütig der Körper. Tatsächlich könnten die Schulterschmerzen mit ihrem Umgang mit dieser anstehenden Entscheidung zusammenhängen. Die Schultern verschaffen uns viele Bewegungsmöglichkeiten nach allen Seiten hin. Einschränkungen dieser Bewegungsfreiheit können ebenso wie beim Rücken der körperliche Ausdruck von Verspannungen zwischen gegensätzlichen inneren Strebungen sein. »Darf ich mich bewegen oder sollte ich mich lieber ruhig verhalten, um nicht aufzufallen?« »Darf ich mich entfalten oder muss ich aufpassen, dass ich nicht anecke?« »Eigentlich möchte ich mich behaupten, habe aber Angst, zu versagen.« »Ich möchte mein Haupt aufrecht tragen, oder soll ich doch nicht lieber den Kopf einziehen?« Zu all diesen Bewegungswünschen gehört der Ausdruck von Aggression, sonst käme man gar nicht in die Bewegung hinein. Aber mit jedem Schritt, den man macht (zum Beispiel über eine Wiese), zerstört man auch immer etwas Altes.

Bei Anja lag der Konflikt zwischen Altem und Neuem: »Soll ich mich vorwärts bewegen und alles verändern? Soll ich die Bäckerei erneuern mit allem Risiko des Neuen oder das Alte und Bewährte bewahren?« Schulterschmerzen haben oft etwas damit zu tun, dass man sich bewegen müsste im Sinne von: »Man versucht halt mal was anderes und schaut dann, was passiert.« Stattdessen hält man lieber länger am Alten fest, bleibt stehen, hält sich selbst an.

Jeder Tag stellt neue Forderungen an den Menschen. Statt sich mit solchen Verspannungen zu »sichern«, könnte er sich fragen, was ihn zurückhält, beweglicher darauf zuzugehen. Die neue Sicherheit in Bewegung heißt: Es wird schon gehen, auch wenn wir noch nicht wissen, warum und wohin. Das Neue wird lebbar sein.

Essen – zwischen Verbot und Erlaubnis oder: Der Dialog mit der Weihnachtsgans

Christine ist ein wenig pummelig. Man sieht ihr an, dass sie ihr Wohlfühlgewicht nicht halten kann, denn ihre Kleider wirken immer etwas zu eng. »Besonders die Weihnachtszeit ist eine große Versuchung. Da werde ich wieder zunehmen! All die guten Plätzchen und Stollen in der Adventszeit! Und dann die Festtage! Erst der Gänsebraten und die Klöße am Heiligabend. Am ersten Weihnachtstag geht es dann zu den eigenen Eltern, die ihr ›Bestes‹ geben. Am zweiten Weihnachtstag freuen sich die Schwiegereltern schon darauf, die ganze Familie zu verwöhnen, und geben ihr ›Allerbestes‹. Wie kann ich da widerstehen?«

Christine weiß schon, wie es sich dann abspielen wird: Jeden Tag wird sie auf die Waage steigen. Sie wird

Extra-Jogging-Runden einlegen. Oder später wird sie es wieder einmal mit Trennkost versuchen.

Aber nichts von alldem erreicht die Wurzeln des Problems. Zu den Hauptursachen gehört ein inneres Streitgespräch von zwei Stimmen: Die untere sagt: »Genieße! Tu es einfach! Es steht vor dir und es steht dir zu! Lass es dir sofort gut gehen, wer weiß, ob es morgen noch so etwas Gutes gibt! Dieser eine Kloß macht nicht dick, nimm ihn dir!«

Die zweite Stimme kommt etwas von oben herunter und antwortet: »Das darfst du nicht! Es ist falsch, wenn du genießt! Verzichten musst du! Verbieten musst du es dir, dann bist du brav und schlank!«

Darauf sagt die erste Stimme wieder: »Nun gerade nicht! Dir werd' ich's zeigen, dass ich essen kann, wozu ich Lust habe! Her damit! Du hast mir gar nichts zu verbieten!«

Menschen mit diesem inneren Dialog hören mal auf die eine und dann auf die andere Stimme. Sie essen mal zu viel und dann wieder zu wenig. Sie werden dicker und dünner, je nachdem, welche Stimme sich gerade durchgesetzt hat.

In der Weihnachtszeit zanken sich die beiden Stimmen besonders stark und kommen kaum zum Schweigen.

Sie werden diese Stimmen erkannt haben! Die eine kommt aus einem allzu strengen Gewissen, auch »Über-Ich« genannt. Und die andere vertritt das Prinzip »schneller Genuss ohne Reue«, oder: »Ich kann mir alles erlauben, ohne Folgen aushalten zu müssen.« Einzeln für sich sind beide Stimmen nicht gerade nützlich.

Ein Ausweg aus dem Dilemma besteht darin, dass beide Stimmen lernen, nur noch mit einer Zunge zu sprechen, synchron sozusagen. Dann geht es nicht mehr um Ausbrechen und Verbieten, sondern um das Abstimmen des Genießens mit den nicht gewollten Folgen. Dann heißt es etwa: »Diese Plätzchen will ich mir nicht entgehen lassen, aber nach einem weiß ich ja, wie sie schmecken. Dann kann ich ja auf die nächsten drei verzichten, um mich später auf der Waage wohler zu fühlen.«

Am leichtesten haben es diejenigen Menschen, die sich nicht vom äußeren Angebot bestimmen lassen, die sich locken, aber nicht verlocken lassen. Sie bestimmen selbst, was sie vom Angebotenen aufnehmen und was sie lieber ablehnen wollen, ohne viel darüber nachdenken zu müssen oder gar darüber zu sprechen.

Das sind meist die Menschen, denen es vom Anfang ihres Lebens an vergönnt war, mitzubestimmen, was sie möchten und was sie nicht wollen. Sie wurden schon als Kleinkinder gefragt, wie viel und was sie haben möchten. Dann fällt es ihnen auch als Erwachsene beim Essen leichter, herauszufinden, was und wie viel sie essen wollen.

Es gibt aber inzwischen auch viele Menschen, die in einem längeren Prozess lernen mussten, sich nicht von rasch zu erreichenden Genusszielen leiten zu lassen, sondern davon, was sie langfristig anstreben. Man kann hier auch wieder von einem kurzen und einem langen Spannungsbogen sprechen.

Auf Plätzchen und Gänsebraten bezogen heißt das: Wer es sich zunächst bei der Auswahl und beim Verzicht auf Köstlichkeiten schwerer macht, lebt nach den Festtagen »leichter«.

Hypochondrie: Angst vor der Krankheit – Angst vor dem Leben

Katja hatte schon viele Untersuchungen über sich ergehen lassen, obwohl diese wirklich unangenehm waren. Sie war überzeugt, an Magenkrebs zu leiden. Man konnte aber nichts finden, was sie einfach nicht glaubte. Seit vier Monaten misstraute sie auch ihrem Herzrhythmus. Dieses zu schnelle und unregelmäßige Schlagen musste ein Infarkt sein. Mit ihren Angstfantasien eilte sie immer wieder als Notfall ins Krankenhaus, oft in der Nacht. Sechsmal hat sie schon den Arzt gewechselt, weil sie sich nicht ernst genommen fühlte. Sie hat es seitdem schon auf 15 EKGs gebracht und glaubt nicht, dass sie kerngesund sein soll. Und sie ist ja auch im Kern nicht gesund.

»Ob dieser Fleck im Gesicht Hautkrebs ist?« »Meine Kopfschmerzen könnten ja von einem Hirntumor kommen!« Solche Befürchtungen hat jeder einmal. Die meisten bezwingen solche Gesundheitssorgen wieder. Sie haben die Möglichkeit, ihren ersten Schreck abzufedern und in ruhigere Bahnen zu lenken. Sie können abwägen, ob sie sofort zum Arzt gehen sollten oder ob sie abwarten können: den Fleck zwei Tage beobachten; ebenso die Kopfschmerzen, die sich beim letzten Arztbesuch als relativ harmlos herausgestellt hatten. Sie haben gelernt, ihre Angst vor Erkrankungen zu regulieren und zu modulieren. Sie können sich sagen: »Sollte es etwas Schlimmeres sein, heißt das noch lange nicht, es ist das Schlimmste. Heutzutage gibt es viele Möglichkeiten …«

Bei Hypochondern ist das anders. Sie leiden an der Krankheit, zu glauben, dass sie eine schwere Krankheit haben, an der sie in Kürze sterben werden.

Oft haben sie sich auf ein Organ spezialisiert, das sie täglich daraufhin untersuchen, wie es sich verhält. Veränderungen werden für den Beweis des herannahenden Todes gehalten. Kein Arzt und keine Untersuchung können sie vom Gegenteil überzeugen.

Diese ängstliche Erwartung, nicht gesund oder gar sterbenskrank zu sein, kann durch mehrere Organe des Körpers wandern. Hypochonder leiden zwar sehr, aber nicht an der Krankheit, vor der sie sich fürchten. Ihre wirklichen Probleme liegen im Kern ihrer Seele und machen ihnen dort im Verborgenen große Angst – oft Todesangst.

Greifbarer ist es daher für sie, diese diffuse Angst auf körperliche Organe zu schieben und dort zu beobachten. Geheilt werden kann diese hypochondrische Krankheitsbefürchtung vor Magenkrebs, Herzinfarkt oder Gehirntumor aber nicht am Magen, am Herzen oder am Gehirn. Sie muss wieder an die Originalstelle zurückgeschoben werden – in die Seele.

Daher lautet die – oft erst nach Jahren – gestellte Diagnose: »Hypochondrie«, eine Erlösung für diese oft als »eingebildete Kranke« Abgestempelten. In einer Psychotherapie wird die seelische Grundangst aufgesucht, die bei Hypochondern oft damit zusammenhängt, dass sie sich als kleines Kind an Körper und Seele nicht wichtig genug genommen fühlten. Diese Menschen glauben unbewusst auch heute noch, dass die selbst erzeugte und gefühlte Übertreibung die einzige Möglichkeit ist, mit ihren Symptomen ernst genommen zu werden. Erst wenn diese seelische Grundangst verstanden und durchgearbeitet worden ist, muss der Hypochonder seine Krankheitsängste nicht mehr unbewusst so steigern und übertreiben, dass sie seine zentrale Lebensangst übertönen.

Meine Krankheit gehört mir

Hermann wird immer wieder seit Wochen von der unbehagliche Vorstellung befallen, jemand stehe neben ihm im Raum, der dann aber doch nicht wirklich da ist. Langsam beschleicht ihn die Angst, »überzuschnappen«.

Schließlich vertraut er sich seiner Frau an und ist sehr erstaunt, zu hören: »Das liegt sicher an deinem neuen Medikament gegen die Parkinsonsche Krankheit.«

Der Arzt hatte es vor einigen Wochen eher zögernd verschrieben, aber alle anderen Mittel brachten nicht die gewünschte Besserung der Krankheitssymptome. Er hatte zwar zu Hermann gesagt, er möge auf die Nebenwirkungen achten, aber Hermann vertraute seinem Arzt blind und kam gar nicht auf die Idee, dass er wirklich aufgefordert war, sich selbst zu beobachten und mitzudenken.

So hatte Hermann auch große Scheu, mit ihm über die Wahnvorstellungen zu sprechen. Denn obwohl der Doktor keinerlei Anzeichen von arrogantem oder autoritärem Verhalten zeigte, war Hermann immer etwas beklommen, wenn er die Arztpraxis betrat. War der Doktor nicht ganz zufrieden mit seinem Zustand und der therapeutischen Wirkung der von ihm verschriebenen Medikamente, schrieb Hermann sich dies als eigene Unfähigkeit selbst zu. So auch jetzt.

Erst nach einer Verschlimmerung der Wahnerscheinungen und nach gutem Zureden seiner Frau vertraute er sich seinem Arzt an. Dieser war eher erstaunt, dass Hermann erst jetzt, nach sechs Wochen quälender Unsicherheit über die Nebenwirkungen des Medikaments sprach, das doch eigentlich den Zustand des Patienten hätte verbessern sollen.

Viele Menschen glauben, den Verschreibungen und Anweisungen des Arztes müsse man Folge leisten, ohne selbst nachzudenken. Das ist ein Irrtum! Natürlich ist Vertrauen eine wichtige Basis der Arzt-Patient-Beziehung. Aber zu diesem Vertrauen gehört ja gerade, dass der Patient sich ohne Angst mit solchen Dingen dem Arzt anvertrauen kann. Einem fortschrittlichen Arzt ist ein Patient viel lieber, der selbst mitarbeitet. Einer, der ihm blind vertraut, ohne selbst zu merken, was mit ihm los ist, ist viel schwerer erfolgreich zu behandeln.

Ein mitdenkender Patient zu sein heißt: Auch wenn der Arzt als Helfer in Anspruch genommen wird, bleibt bei einem mündigen Patienten die Krankheit seine eigene. Er hat sie dem Arzt nicht übergeben. Damit achtet er ganz anders auf Wirkungen und Nebenwirkungen der Medikation. Der Schwerpunkt der Beobachtung bleibt beim Patienten. Die Aufgaben von Arzt und Patient sind unterschiedlich. Die Autorität des Arztes bezieht sich auf seine Kompetenz in seiner heilenden Funktion. Die Autorität des Patienten liegt im Ernstnehmen seines Körpererlebens. Erst im Zusammenwirken dieser beiden Kompetenzen ist eine optimale Heilung möglich.

Alle anderen schlafen

Angelika konnte nicht schlafen. Oft lag sie bis 3 Uhr nachts wach. Schon wenn sie zu Bett ging, setzten ihre Befürchtungen ein, nicht einschlafen zu können oder gleich wieder aufzuwachen und dann nicht wieder in den Schlaf zurück zu finden. Schließlich war sie völlig zermürbt und konnte ihren Alltag nicht mehr bewältigen, weil sie immer depressiver wurde.

Schlaflosigkeit ist eine Plage. Sie macht krank, alt und dick! Warum? Weil sie (wie Schlafforscher herausgefunden haben) den Ausbruch von Alterskrankheiten wie Diabetes, Bluthochdruck und Fettleibigkeit, aber auch Vergesslichkeit hervorruft. 20 bis 30 Prozent der Schlaflosen reagieren sogar depressiv.

Guter Schlaf dagegen fördert Geist, Seele und Körper. Er stärkt das Immunsystem, und er sorgt dafür, dass in der Nacht im Gehirn gespeichert wird, was wir am Tag gelernt haben.

Bevor Schlaflose psychotherapeutische Hilfe suchen, sollten als erstes die körperlichen Ursachen, die zur sogenannten Insomnie führen könnten, ausgeschlossen werden.

Angelika hatte alle Ratschläge befolgt, die sie von Ärzten und Freunden bekam: Sie hatte ihre Schilddrüse, Herz- und Kreislauf und den Hormonhaushalt untersuchen lassen. Sie sorgte für ein kühles Schlafzimmer, ging immer zur gleichen Zeit zu Bett und stand – auch am Wochenende – zur gleichen Zeit auf; die letzte Mahlzeit war weder zu scharf noch zu groß; es gab ein angemessenes Zeitmanagement für Kaffee, Tee und Cola; einen Abendspaziergang.

Die Ratschläge beziehen sich zumeist auf das, was man gegen Schlaflosigkeit unternehmen kann. Der Schlaf ist aber eine unwillkürliche Angelegenheit und mit willkürlichen Mitteln ist ihm nicht beizukommen. Man kann ihn so nicht erzwingen. Es gibt viele Menschen, die fast jeden Ratschlag befolgen und trotzdem nicht schlafen können.

Was nun? Von psychotherapeutischer Seite wird es um Aufklärung innerer und äußerer Konflikte gehen, um Klärung und Beruhigung eines schlechten Gewissens, um das Verstehen von Ängsten, Belastungen, Anspannung und Stress.

Daneben aber sind die schlimmsten Feinde des Schlafes die Erwartung, nicht einschlafen zu können, und die Angst, wieder aufzuwachen.

Selbst gute Schläfer, die bisher nicht eine einzige Regel für guten Schlaf befolgt haben, können plötzlich Schlafprobleme bekommen, wenn sie auf das Thema aufmerksam werden und anfangen, ihren Schlaf zu beobachten, sei es, dass sie einige Nächte an der Seite eines Schnarchers verbracht haben oder dass ihnen jemand von seinen Schlafproblemen erzählt hat.

Anstatt sich nun selbst zu quälen durch Ärger und Ungeduld über die Schlaflosigkeit und dadurch den Zustand noch zu verschlimmern, statt sich selbst zu beschimpfen (»Alle anderen schlafen, nur ich liege hier wach herum«), gibt es eine innere Einstellung, die den Teufelskreis in vielen Fällen durchbrechen kann: Wenn alles andere versucht wurde und nichts geholfen hat, dann gilt es mit den Schlafstörungen einverstanden zu sein, so wie man mit anderen Leiden, die derzeit nicht zu ändern sind, am besten einverstanden ist. Anstatt sich durch Vorwürfe gegen sich und gegen die Welt noch mehr zu schwächen, kann man auf diese Weise in Einklang mit der Realität bleiben. Das Wichtigste dabei ist, dass man damit einfach keine Energie verschwendet. Zwischen den Erwartungen (ich müsste unbedingt schlafen) und der Realität ist die Depression angesiedelt.

Ja, aber was dann tun mit Müdigkeit und Abgeschlagenheit am nächsten Tag und der Depression?

Mit den Folgen der Schlaflosigkeit kann man auch einverstanden sein. Schon mancher Schlaf ist auf diesem Weg wieder zurückgekehrt.

Wechseljahre – zwischen Aufbruch und Krise

Die 49-jährige Brunhilde wacht nachts mehrmals schweißgebadet mit Herzklopfen auf und ist tagsüber so reizbar, dass Mann und Kinder sich Sorgen machen. Sie könnte dauernd weinen – einfach so. Mal ist sie fröhlich, im nächsten Moment verzweifelt.

Wie Brunhilde kommen viele Frauen nichts ahnend in die Praxis, sei es zu ihrem Hausarzt, zum Frauenarzt oder zu einer Psychotherapeutin, wie in diesem Fall. Auf die Frage, ob sie ihre Periode noch haben, antworten diese Frauen dann oft erstaunt: »Ja, aber nicht mehr regelmäßig. Sie meinen doch nicht etwa, dass ich in den Wechseljahren bin!« Nun ist zwar das Unregelmäßigwerden und schließlich das Ausbleiben der Menstruation etwa zwischen 40 und 55 Jahren das sicherste Zeichen für das Klimakterium. Aber viel zu schnell werden solche Beschwerden, wie sie Brunhilde beschreibt, und

andere Symptome wie Rückenschmerzen, Energiever-
lust, Konzentrationsstörungen, Vergesslichkeit zu sehr
den Hormonumstellungen angelastet. Dabei bringen
Forscher aber nur 15 Prozent der Beschwerden in diesen Jahren mit dem Klimakterium und seinen hormo-
nellen Veränderungen in Zusammenhang. Der größere
Teil der Klagen muss also andere Ursachen haben.

In der durchschnittlichen Lebenssituation der Frauen
zwischen 40 und 55 Jahren kommen zeitweise mehr al-
tersentsprechende Veränderungen auf einmal auf sie
zu, als sie verkraften können. Diese Veränderungen
können die Frauen zum Aufbruch in eine neue Lebens-
phase nutzen oder sie können damit in Krisen oder gar
Krankheiten geraten.

*So war es bei der 51-jährigen Andrea. Ihre Periode kam
unregelmäßig alle zwei Monate. Hitzewallungen, Reiz-
barkeit und eine plötzliche Gewichtszunahme machten
ihr zu schaffen. Schlimmer war aber, dass sie zuneh-
mend unzufrieden, depressiv und ängstlich wurde.*

In einer Psychotherapie wurde ihr erst einmal klar, wie
viele Probleme sie gerade plagten:

Als Ehefrau kämpfte sie mit dem Älterwerden und
befürchtete, ihren Mann an eine Jüngere zu verlieren.

Als Mutter half sie dem letzten der drei Kinder gerade beim Auszug. Als Tochter stand sie vor der Entscheidung, ob sie den nun leer gewordenen Platz der Sorge
vielleicht für die Pflege des 84-jährigen Schwiegerva-
ters verwenden sollte oder ob sie sich noch einmal der
Herausforderung einer ihr angebotenen Berufsarbeit
als Apothekerin stellen sollte.

Sie war erstaunt, wie sich ihr Zustand besserte, als sie anfing, auf ihre Probleme zuzugehen, anstatt sich von ihnen überrollen zu lassen. Sie kümmerte sich um ihre Ehe, anstatt dauernd gebannt in den Spiegel zu schauen. Ihr Mann war überrascht von ihrem wieder auflebenden Temperament und ihrem erotischen Interesse an ihm. Die Arbeit in ihrem alten Beruf als Apothekerin nahm sie mit Elan wieder auf. Ihrem Mann überließ sie die Sorge für seinen Vater.

So können die Wechseljahre gemeistert werden, wenn die Frau in diesem Alter sich nicht als »Defizitmodell« fühlt. Und wenn sie es nicht nur dem Mann überlässt, »in den besten Jahren« zu sein, zumal neuere wissenschaftliche Untersuchungen zeigen, dass Männer zwischen 45 und 55 Jahren auch über Beschwerden aus dem Repertoire der »Wechseljahre« klagen.

Menschliches und Zwischenmenschliches

Mobbing muss nicht sein

Das Klima am Arbeitsplatz änderte sich für Petra schleichend: erst ab und zu eine spitze Bemerkung eines Kollegen, dann ein Gerücht über sie, und schließlich »vergaß« man, sie zu einer wichtigen Sitzung einzuladen.

An dieser Stelle entscheidet sich oft, ob eine Spannung zwischen Mitarbeitern zu einer echten Mobbing-Situation ansteigt: ob es zu Beschimpfungen und Gehässigkeiten (etwa über Kleidung) kommt oder sogar zu Hetzkampagnen, ehrverletzenden Äußerungen und tätlichen Angriffen. Nach der neuen Rechtsprechung nennt man einen Zustand Mobbing, wenn er mindestens einmal wöchentlich und über einen langen Zeitraum (etwa sechs Monate) auftritt. An der Hetzjagd können eine oder mehrere Personen beteiligt sein – oder ganze Abteilungen.

Wachsen sich die normalen Konflikte bei der Arbeit zu Mobbing aus, kommt es zu Stressreaktionen bei den Opfern, die über das Immunsystem zu körperlichen und seelischen Krankheiten führen können: Schlafstörungen, Kopfschmerzen, Magen-Darm-Störungen, Herz- und Kreislauferkrankungen auf der körperlichen Ebene; im seelischen Bereich kann es zu Depressionen, Konzentrationsstörungen, Vergesslichkeit, sinkendem Selbstbewusstsein bis hin zur Selbstmordgefährdung kommen.

Sobald man sich in der Opferrolle verfangen hat,

setzt eine Täter-Opfer-Dynamik ein, aus der man meist allein nicht herauskommt. Das Opfer verteidigt sich und strahlt aus: Ich bin schlecht und schwach, ihr könnt alles mit mir machen. Auch Menschen, die ihre Unsicherheit durch besonders schneidiges Auftreten überdecken wollen, bieten sich als Opfer an.

Ist man Mobbing-Opfer geworden, sollte man sofort, wenn man es bemerkt, Unterstützung bei Vertrauenspersonen suchen.

Die Täter – die mobbenden Kollegen – sind Menschen, die für eigene Unfähigkeiten und Ängste einen Schuldigen suchen, statt selbst damit fertig zu werden. Sie hoffen unbewusst, das, was sie an sich selbst als böse, schwach, krank empfinden, an den Anderen abzugeben und loszuwerden. Daher eignen sich auch kranke und behinderte Kollegen oder Fremde besonders gut als Opfer.

Petra war zum Glück eine wirklich selbstsichere Person. Sie nahm weder die Opferrolle an, noch wehrte sie sich dagegen. Sie verfügte über die beste Anti-Mobbing-Haltung: Sie blieb bei sich selbst und beobachtete genau, welche Rolle die anderen für sie vorgesehen hatten und in welche Ecke sie gedrängt werden sollte. Sie sagte sich ganz klar: Die Person, zu der die anderen mich machen wollen, bin ich ja gar nicht. Diese Rolle übernehme ich nicht. Ich bin nicht unzuverlässig. Und wenn man »vergessen« hat, mich zur Sitzung einzuladen, dann ist das nicht mein Fehler.

Ihre Strategie war, sich nicht um die Anschuldigungen zu kümmern – und so reizte sie nicht zu weiteren Angriffen.

Sie eignete sich nicht dazu, ein Mobbing-Opfer zu werden, weil sie nicht um Sympathie warb, sondern sich mit ihrer Haltung Respekt verschaffte.

Aufschieben
hat viele Gründe

»Woran liegt es«, fragt sich Tobias, »dass ich meine Steuererklärung immer viel zu spät anfange? Ich schiebe sie vor mir her, bis mir das Finanzamt mit Geldstrafen droht.«

»Ich weiß, ich will das Abitur machen, alles liegt bereit auf dem Schreibtisch, aber ich schiebe das Lernen auf und kann mich nicht hinsetzen und dafür arbeiten. Irgendetwas hindert mich daran«, sagt der 17-jährige Bernd. Sein Vater steht oft im Zimmer und sagt: »Du musst jetzt wirklich anfangen, sonst wird das nichts mehr.«

Fast unbemerkt hat sich das Aufschieben wichtiger Aufgaben zu einem Massenphänomen entwickelt. Die Schäden, die diese seelische Störung anrichtet, sind unübersehbar. Prüfungen werden verschoben, ganze Studiengänge aus diesem Grund abgebrochen; wichtige Bewerbungen werden nicht geschrieben, berufliche Entscheidungen auf morgen vertagt, Geschirr ordentlich gestapelt, und nicht gespült. Diese Arbeitsstörung breitet sich auf viele Lebensbereiche aus. Was steckt dahinter? Meist kommen mehrere Gründe zusammen. Da ist einmal eine seelische Verdrehung im Spiel, die uns immer wieder begegnet:

Der Medizinstudent Julius will eine Doktorarbeit schreiben, sucht sich einen Professor, der ein Thema für ihn hat, und beginnt daran zu arbeiten. Nach anfänglicher Begeisterung wird er immer lustloser. Er verschiebt den Beginn der Arbeit von Tag zu Tag und denkt: »Ich muss endlich daran arbeiten«, oder unwillig: »Mein Doktorvater will, dass ich die Arbeit endlich schreibe.«

Und schon ist bei diesem seelischen Sprung von »ich will« hin zu »ich muss« jede Spur von Arbeitsfreude verschwunden. Erst wenn Julius sich wieder klarmachen kann, dass *er* den Doktortitel *will* und dass er aus diesem Grund diese Arbeit schreiben *will*, bekommt er seinen Geist und sein Temperament wieder frei, um die Arbeit voranzutreiben.

Genau das trifft auch auf Bernd zu, er *will* das Abitur machen und daher *will* er auch lernen. Dies hat sich bei ihm aber auch zu *»du musst«* verwandelt – nicht zuletzt mit seines Vaters Hilfe.

Ein weiterer Grund, wichtige Tätigkeiten aufzuschieben, ist die irrige Annahme, dass Arbeiten immer mit Spaß verbunden sein muss. Auch zu der schönsten Arbeit gehören Aufgaben, bei denen sich die Lust oder die Freude erst nach getaner Arbeit einstellt, zum Beispiel wenn der Doktortitel tatsächlich errungen oder das Abitur bestanden ist.

Diese Belohnung wird man erst ergattern können, wenn der innere Spannungsbogen lang genug ist und bis zum Ende der Arbeit reicht und nicht nur der rasche Erfolg zählt. Dem Aufschieben von Aufgaben liegt also immer auch eine zu geringe Kraft zugrunde, etwas Anstrengendes durchzustehen.

Eine andere Form des Aufschiebens findet sich häufig bei Autoren: Sie sammeln und sammeln Material und schieben den Beginn des eigenen Ordnens und Schreibens auf Grund einer Blockade hinaus, die etwas damit zu tun hat, dass sie die Verantwortung für den eigenen Text und ihre persönliche Sichtweise scheuen.

Sie müssten also ihre Blickrichtung umstellen können: statt zu fragen, wie sehen mich die Leser? hin zu: was habe ich ihnen zu sagen?

Ein weiterer Grund spielt mitunter eine Rolle: Manche »Aufschieber« bemerken bei sich eine leichte innere Gekränktheit, ein Gefühl von: »Warum muss ich mich dafür noch so sehr anstrengen? Müsste ich das Ziel (die Steuererklärung, das Studium, die Lehre, den Artikel) nicht eigentlich geschenkt bekommen? Diese unbewusste Behinderung hängt manchmal mit einem noch nicht verarbeiteten Erziehungsstil zusammen. Vielen Eltern fällt es, wie man immer wieder beobachten kann, schwer, in Ruhe mit anzusehen, wie ihr kleines Kind mit großer Anstrengung zum Beispiel einen Stuhl erklettert. Sie heben es freundlich gemeint hinauf. Das anschließende Gebrüll wird als Trotz gedeutet und nicht als Verzweiflung über die Unterbrechung der Anstrengungslust des Kindes und Behinderung seines Selbstständigkeitsstrebens.

Die Gefahr besteht, dass solche Kinder später als Erwachsene immer noch auf die helfende Hand unter dem Popo warten, die sie auf den Stuhl hebt – oder auf den Thron ihrer Wünsche, und das ohne den vorher geleisteten Einsatz.

Die Kunst
des Scheiterns

Ralf sitzt verzweifelt in der psychotherapeutischen Praxis und bittet um Hilfe. Seine Frau will sich von ihm trennen und die Kinder mit sich nehmen. Er kann sich in diesem Augenblick nicht vorstellen, wie er weiterleben soll.

Manager Torsten sucht in einer – wie ihm scheint – ausweglosen beruflichen Situation ein Coaching auf. Ihm wurde die Kündigung in Aussicht gestellt, weil der Betrieb Personal einsparen muss. Er sieht keine Perspektive mehr für sein weiteres Berufsleben.

Solche Brüche im Lebensweg oder in der Berufslauf-bahn sind heute an der Tagesordnung. Nichts läuft so kontinuierlich und geradlinig wie noch vor einigen Jahrzehnten. Und doch hängen wir an den alten Vorstel-lungen von Kontinuität und Sicherheit. Beide Männer haben das Gefühl, versagt zu haben; ihre Hoffnungen haben sich zerschlagen. Ihr bisheriger Lebensplan ist gescheitert. Sie waren nicht darauf vorbereitet, wie man mit Brüchen und Zäsuren umgeht.

Inzwischen spricht man heute ja von Bruch- oder Bastelbiografien, weil es kaum noch Normalbiografien gibt. Natürlich wird der Ehemann in einer Beratung er-fahren, in welcher Weise auch er am Scheitern seiner Ehe beteiligt war. Aber es gilt auch, den gesellschaft-lichen Anteil zur Kenntnis zu nehmen: Früher hätten die Eheleute schon allein aus finanziellen Gründen nicht so leicht auseinandergehen können.

Das heißt: Heute muss man mehr als früher »die Kunst des Scheiterns« beherrschen. Das Scheitern ist der Zwischenraum, in dem die Umwandlung von einer

Sicherheit in eine andere vor sich geht. Während man sich im Raum des Scheiterns aufhält – tatsächlich oft ein aufreibender und schmerzender Zustand –, schaut man auf das Scheitern zurück. Blickt man aber nach vorn, dann nennt man es Herausforderung. Dieser Umwandlungsprozess zwischen Gestern und Morgen treibt heute alle Entwicklungen voran.

Das Neue, mit dem die Liebe oder der Beruf später weitergeht, kommt den Betroffenen vielleicht nicht so gut vor, aber nur dann, wenn sie das Neue wieder am Alten messen. Das heißt, wenn sie die neue Partnerin oder den neuen Job ständig mit den früheren vergleichen. Dann kann man den Wert des Neuen nicht unbefangen erleben.

Bei der Krisenanfälligkeit unserer modernen Lebensläufe ist es ungünstig, die eigene Sicherheit aus der Kontinuität von Raum und Zeit in Liebe und Arbeit zu beziehen. Sicherer und energiesparender ist es, zu lernen, mit Unsicherheiten, Brüchen und Zäsuren umzugehen. Man hat also die Wahl, das Scheitern als Belastung oder als Chance zu begreifen.

Kritik ja –
Vorwürfe nein

Bettina sagt verzweifelt: »Eigentlich liebe ich meinen Mann. Aber es gibt da ein paar Dinge, die mir überhaupt nicht gefallen. Die muss ich ihm doch sagen!«

Ja, schon. Kritik ist wichtig. Sie dient der gegenseitigen Orientierung und Klärung. Aber sobald sie sich durch die Art des Sprechens oder die Mimik in einen Vorwurf verwandelt, kann das Gegenüber sie nicht annehmen. Ein Vor-Wurf liegt da vor einem, und da kann er ja auch liegen bleiben. Man ist selbst schuld, wenn man ihn aufhebt.

Ein Vorwurf sollte immer das Problem dessen bleiben, der ihn macht, und nicht zum Problem dessen werden, der ihn bekommt..

»Du hast schon wieder die Milch vergessen«; »du kommst schon wieder zu spät«; »Immer lässt du mich die Arbeit machen« – alles berechtigte Kritikpunkte, aber keine Anlässe für Vorwürfe. Vorwurf bedeutet immer: »Mir geht es schlecht, weil du so bist, wie du bist.« Und das heißt, der Ankläger ist abhängig vom Verhalten seines Gegenübers. Der andere muss sich unbedingt ändern, damit es dem Vorwurfsvollen besser geht. Was denn sonst! Ja, *was* denn sonst?

Viele Menschen lassen aber den Vorwurf in sich eindringen und versuchen ihn dann wieder loszuwerden. Die meisten wehren sich: »So oft vergesse ich die Milch nun auch wieder nicht« oder sie fahren einen Gegenangriff: »Du hast gestern Abend die Haustür auch nicht abgeschlossen!« Das heizt den Konflikt besonders an. Der Angegriffene bedient sich der gleichen

Waffen wie der Kläger. Was er als unangenehm erlebt hat, wiederholt er nun selbst.

Das ist ein Teufelskreis. Durch die gegenseitigen Vorwürfe werden sich die Partner unsympathisch. Wenn sie aber einander auch nicht mitteilen, was sie stört, können sie sich ebenfalls immer weniger leiden. Sie reagieren immer allergischer auf das Verhalten des Anderen und oft ist Trennung der letzte Ausweg. Trennung ist zwar dringend erforderlich, aber anders, als die meisten sich das vorstellen. Nur wer sich selbst so ernst nimmt, dass er für sein Wohlbefinden allein sorgen kann, ist in der Lage, alles, was ihn stört, als eigenes Empfinden darzustellen: »Für mich ist es nicht angenehm, wenn ich auf dich warten muss.« Diese Art von Kritik bleibt sein eigenes Problem. Einen Anderen würde dies ja vielleicht nicht so stören.

In einer guten Beziehung möchte man sich schon offen äußern können, was einem nicht gefällt. Aber man möchte auch selbst die Entscheidung darüber treffen, was man ändern möchte oder auch nicht. Der Vorwurfsvolle ist ungetrennt und abhängig. Dies spürt er selbst an seiner Verzweiflung, wenn er den Anderen nicht zwingen kann, sich in seinem Sinne zu ändern.

Das war oben mit dem Satz gemeint: Ein Vorwurf sollte immer das Problem dessen bleiben, der ihn erhebt, und nicht zum Problem dessen werden, der ihn einstecken soll.

Keine Zeit

Andreas hat ein Problem mit der Zeiteinteilung. Man merkt es ihm gleich an. Er wirkt hektisch und getrieben und klagt: »Ich habe zu wenig Zeit, um jeden Tag eine halbe Stunde für körperliche Bewegung zu sorgen. Ich habe noch nicht einmal Zeit, um in Ruhe zu essen. Ich habe überhaupt keine Zeit, um darüber nachzudenken, wie ich lebe und wie ich besser leben könnte.« Das sind ganz typische Klagen, wenn ein Klient um Rat für ein besseres Zeitmanagement fragt.

Obwohl wir heute mehr Zeit haben als jemals zuvor – zum Beispiel kein Feuer mehr schüren müssen zum Heizen, Waschen und Essenkochen –, richten wir es so ein, dass der Zeitdruck ständig zunimmt. Am Ende wird er zur Zeitnot, und Zeitnot führt zu Zeitkrankheiten: Herzinfarkt, hohem Blutdruck, Magenbeschwerden und Darmerkrankungen.

Im seelischen Bereich spricht man heute von Burnout und Depression. Dazu kommt es, wenn die vom Zeitstress aufgefressene Seele den Körper nicht mehr um Reserven anpumpen kann, weil auch er ausgeraubt ist. Nichts geht mehr. Ausgebrannt. Klienten und Patienten, die mit Depression auf das Zeitproblem reagieren, gehören zu den Menschen, die ihre Zeit nicht in kleine Einheiten zerlegen können und daher sämtliche Aufgaben und Pflichten wie eine Lawine auf sich zukommen sehen. Da ihnen die Eigeninitiative fehlt, ihre Zeit zu strukturieren, verwandelt sich außerdem alles in Hektik und Zwang.

Irgendwie scheint das Zeitgefühl mit der Zeit selbst abhanden gekommen zu sein. Da wird Zeit vergeudet, gespart, verloren, totgeschlagen, und viele Menschen können nur noch dann etwas genießen, wenn sie sich die Zeit dafür stehlen.

Eine spezielle Form der Zeitzerstörung ist das Zuspätkommen. Es kann sich zu einer wirklichen Beeinträchtigung für alle Beteiligten auswachsen. Zuspätkommer können im Privatleben wie auch am Arbeitsplatz nicht pünktlich sein und belasten sich und andere. Sie erfinden immer neue Gründe für die Verspätungen, die zwar zutreffen können, aber von niemandem geglaubt werden, weil sie nicht die eigentliche Ursache sind.

Der Stau auf der Autobahn ist für den einen Menschen eine Katastrophe, weil er sich für eine Strecke, für die er 20 Minuten braucht, nur 17 gibt. Für einen anderen ist der Stau kein Problem, weil er sich selbstverständlich einen Spielraum lässt. Er plant 30 Minuten für diese Strecke ein, weil er sich viel zu schade ist, um sich zu hetzen. Er sagt sich: So viel wert bin ich mir, dass ich dafür etwas tue.

Die Gehetzten und dauernd zu spät Kommenden haben nicht gelernt, sich selbst *so* ernst zu nehmen, dass sie den Zeitraum, den sie brauchen, vollständig nutzen. Wenn man sich von Kind an nicht selbst steuern darf und zu stark an die Erwartungen der Erwachsenen angleichen muss, dann kann man auch nicht lernen, wie viel Raum und Zeit man braucht, um sich wohl zu fühlen.

Anstatt nun das abtrainierte Gefühl für Raum und Zeit neu zu entdecken, indem man wieder zu sich selbst kommt und von dort aus die zeitliche Dimension des eigenen Lebens bestimmt, folgt man jetzt wieder einem neuen Trend, nämlich dem der vorsätzlichen Langsamkeit, des Trödelns und der Faulheit, alles höchst angenehme Zustände. Aber eine andere Sache wäre es, den eigenen Rhythmus ganz allein herauszufinden – irgendwo zwischen Beschleunigung und Langsamkeit.

Ich kann mich nicht entscheiden

Ulrich sieht wirklich unglücklich aus und klagt: »Ich kann mich nicht entscheiden, Frau Doktor. Ich bin verheiratet, und ich habe eine Freundin, mit der ich sehr glücklich bin, die sich aber nicht länger hinhalten lässt.« Er fühlt sich zerrissen und kann weder Frau noch Freundin aufgeben. Für die Freundin spricht eine bisher nie gekannte erotische Anziehung, außerdem bewundert sie ihn. Seine Frau hat nach all den Jahren schon mal was an ihm auszusetzen.

Für die Ehefrau spricht eine große Vertrautheit. Er liebt auch sie, und sie ist die Mutter seiner Kinder (sieben und zehn Jahre alt). Eigentlich hat er keinen Grund, sich von ihr zu trennen. Er möchte am liebsten beide behalten. Aber beide wollen, dass er sich entscheidet. Wenn er sich nicht entscheidet, kann er schließlich beide verlieren.

Claudia ist in einer anderen Entscheidungsklemme. Sie hat ein Kind, das gerade in den Kindergarten gekommen ist. Sie will wieder in ihren geliebten Beruf zurück. Gerade in diesem Moment überfällt sie ein drängender Kinderwunsch, obwohl sie sich zuvor mit ihrem Mann für nur ein Kind entschieden hatte. Von früh bis spät ist sie von der Angst besessen, die falsche Entscheidung zu treffen. Beides, ein zweites Kind und die Rückkehr in den Beruf, liegen ihr gleich stark am Herzen. Und weil sie sich selbst nicht entscheiden kann, fängt sie schon an, an ihrem Mann herumzunörgeln, dass er ihr bei ihrer Entscheidung nicht genügend hilft.

In beiden Fällen geht es um Existenzfragen, die entschieden werden wollen. Aber Ulrich und Claudia schaffen es nicht, sich zu entscheiden. Was sie in einer psychotherapeutischen Beratung verstehen lernen, überrascht sie sehr. Ihr Dilemma ist nicht nur, dass sie zwei Dinge auf einmal wollen, sondern, dass sie von beiden Situationen nur das Gute wollen: Ulrich möchte die guten Seiten seiner intakten Familie, nicht aber die Einschränkungen, die damit verbunden sind. Er möchte die Geliebte, nicht aber den dazu gehörenden schweren Verzicht auf Ehe und Kinder.

Claudia will auch vom zweiten Kind nur die Freuden. Sobald sie an die Schwierigkeiten denkt, die in der Schwangerschaft und bei der Geburt auftreten könnten, schwenkt sie wieder auf den Beruf und dessen Vorteile um. Sobald ihr die Schattenseiten des Berufs in den Sinn kommen, wird der Kinderwunsch dringender.

Claudia und Ulrich denken beide selbst noch wie Kinder: »Entscheide ich mich nicht, dann behalte ich das Gute von beiden Situationen und muss außerdem nicht aushalten, dass ich das eine nicht habe.«

Bei einem Kind kann man den Vorgang noch äußerlich beobachten: Da steht etwa der kleine Junge auf dem Flur, schwankt mit dem ganzen Körper hin und her und denkt: Gehe ich in die Küche zu Mama oder laufe ich ins Spielzimmer zur Freundin? Wächst sich diese Unentschlossenheit nicht mit den Jahren aus, dann steht er später noch wie der Junge dort und hofft – wenn auch unbewusst –, dass er, solange er sich nicht entscheidet, beides haben kann.

Vom Wert und Unwert der Offenheit

Beate ist ein sehr offener Mensch, ehrlich und vertrauensvoll, und sie hält das für ihre besten Eigenschaften, obwohl sie ihre Offenheit schon mehrfach bitter bereut hat. Sie vertraut sich immer wieder »guten Freunden« ganz rückhaltlos an, verrät sehr persönliche Dinge und möglicherweise sogar solche, deren Bekanntwerden sie ruinieren könnten. Wieder einmal war es nun zu einer schlimmen Indiskretion gekommen und Beate schob die Schuld auch diesmal auf die Schwatzhaftigkeit des Anderen. Schon so oft war sie auf diese Weise »von guten Freunden enttäuscht« worden.

Der offene Mensch ist ein »guter« Mensch – das glaubt sie weiterhin. An ihr selbst kann es doch nicht liegen.

Aber ist Offenheit wirklich ein Wert an sich? Oder kann sie nicht, wie jeder Wert, der absolut gesetzt wird, schädlich werden, ähnlich wie zuviel Salz in der Suppe?

Wer allzu offen ist, sieht andere Menschen nicht so, wie sie sind, sondern, wie er sie gern haben möchte. Er hat zum Beispiel das sehr menschliche Bedürfnis nach Klatsch und Tratsch nicht berücksichtigt, oder die Vergesslichkeit. Oder er hat nicht berücksichtigt, dass wir Menschen auch einen unbewussten Bereich haben, in dem es lange nicht so anständig zugeht, wie wir das gern möchten. Dort hausen auch Neid und Missgunst und sogar der Wunsch, gute Freunde zu schädigen. Je weniger wir davon wissen wollen, desto ungehemmter und unbekümmerter kann dieser dunkle Bereich sein Eigenleben führen. Und schon haben wir etwas uns Anvertrautes ausgeplaudert, was uns im Nachhinein bei klarem Verstand sicher leidtäte.

Was hat es nun mit der Offenheit auf sich? Nehmen wir einmal den Fotoapparat zu Hilfe. Käme da einer auf die Idee, eine »offene« Blende für etwas Wertvolles zu halten? Beileibe nicht! Die besten Bilder gelingen bei einer exakten Einstellung der Blende, zwischen Offen- und Geschlossenheit, genauso wie es den Menschen am besten geht, die so offen wie möglich und so verschlossen wie nötig sind. Sie verwechseln Offenheit nicht mit Anlehnungsbedürfnis und Abhängigkeitswünschen. »Wenn ich dir so viel von mir anvertraue, dann musst du mich schätzen, mir wohlgesonnen sein und mir auch viel anvertrauen.«

Starkes Mitteilungsbedürfnis ist also noch lange keine gute Kommunikation. Verschlossenheit ist meist nicht so hoch angesehen. Dabei will aber auch sie gut dosiert sein. Als Schutz und Grenze ist sie lebensnotwendig. Wird sie aber aus Angst vor Kontakt übertrieben, dann sieht man die anderen Menschen durch das Visier hindurch kaum noch und wird dahinter einsam und misstrauisch.

Zu starke Verschlossenheit entsteht zum Beispiel bei zu großer Angst vor Nähe oder der Angst, dass man zu viel von den Schattenseiten sehen könnte.

Das starke Bedürfnis, sich zu verschließen, kann aber auch dann auftreten, wenn Menschen merken, dass sie mit eigenen starken Gefühlen von Liebe oder Hass nicht fertig werden. Sie befürchten dann, von Liebe hingerissen zu werden oder vor Hass zu explodieren. Zum Psychotherapeuten gehen sie mit diesen Lebensthemen dann, wenn sie feststellen, dass sie dadurch immer wieder in ihren Liebes- und Arbeitsbeziehungen scheitern.

Vom Zusammenleben als Paar

Der Streit der jungen Paare

Lara sitzt weinend in der Arztpraxis. »Ich kann nicht mehr, ich muss Harry verlassen, obwohl das Kind erst drei Jahre alt ist. Er schimpft nur noch mit mir: über das Essen, die Unordnung in der Wohnung oder über die Vernachlässigung meiner eigenen Karriere – ich kann ihn nicht mehr ausstehen!«

Harry ist genauso verzweifelt: »Früher war sie liebenswürdig, hat viel gelacht, war aktiv und großzügig. Heute ist sie schlecht gelaunt und phlegmatisch; außerdem findet sie mich hässlich, und alles mache ich falsch als Vater.«

Junge Paare mit kleinen Kindern haben es oft so schwer miteinander, dass sie sich in den ersten fünf Jahren nach der Geburt des ersten Kindes scheiden lassen. Die vordergründigen Hauptursachen sind Dauerstreitigkeiten und mangelnde sexuelle Anziehungskraft.

Der persönliche Umgangsstil zwischen jungen Eltern ist oft erstaunlich rüde. Vor der Geburt des ersten Kindes haben sie zärtlich umeinander geworben. Bald danach quälen sie sich mit gegenseitiger Bevormundung und Rechthaberei. Sie sehen am Anderen nur noch das Negative, machen sich gegenseitig schlecht, und das sogar vor Außenstehenden.

Auch das sexuelle Begehren ist seit der Geburt auf dem Nullpunkt und erholt sich seitdem nicht mehr. Beide warten vergebens darauf, dass sich die Lust auf den

Partner wieder einstellt. Sie verstehen nicht, was mit ihnen passiert ist.

Der Übergang von der Zweierbeziehung zur Dreierbeziehung gehört zu den schwierigsten Klippen auf dem Weg zur Elternschaft. Die Anforderungen haben sich verändert: Es gilt die Elternrolle und die Paarbeziehung parallel zu führen und voneinander unterscheiden zu lernen. Besonders schwer haben es die Paare, die noch gar nicht zu einer erwachsenen Partnerschaft gereift waren, bevor sie Eltern wurden. Dann konnten sie die erotische und sexuelle Seite ihrer Paarbeziehung noch nicht gedeihen und wachsen lassen, und oft wird dieses noch zarte, kostbare Pflänzchen von der Wucht der neuen Aufgabe der Elternschaft hinweggefegt. Es kann sich dann nicht gegen den unberechenbaren, schwankenden Hormonhaushalt wehren. Nach der Geburt eines Kindes bekommen Paare die erotische Liebesbeziehung keineswegs wieder geschenkt. Sie müssen sie vielmehr neu entdecken und sollten nicht darauf warten, dass die erotische Faszination sich von selbst einstellt.

Lara und Harry ist das nicht gelungen. Nach der Geburt des ersten Kindes waren sie ausschließlich zu Mutter und Vater geworden. An ihre frühere Paarbeziehung konnten sie nicht mehr ohne weiteres anknüpfen. Lara fühlte sich in ihrer Zweierbeziehung mit dem Kind durch den Vater Harry gestört, er musste fern gehalten werden. Alles machte er falsch mit dem Kind. Als er sich ausgeschlossen fühlte, fing er an zu streiten und Lara anzugreifen, anstatt um sie zu kämpfen.

Harry war innerlich genauso in die Zweierbeziehung zum Kind verstrickt. Er sagte (ausschließlich als Vater mit dem Kind verbündet) zu Lara: »Das arme Kind würde nachts nicht so schreien, wenn du alles richtig machen würdest.« Hätte er gleichzeitig auch die Partnerrolle gegenüber seiner Frau besetzt, würde der Satz vielleicht lauten: »Es ist nicht leicht, so ein Baby zufrieden zu stellen. Ich versuch mal, ob ich das kann. Oft weiß ich ja auch nicht, wie das geht.«

Viele junge Eltern möchten sich heute nicht mehr so schnell trennen. Sie suchen sich oft eine Paartherapie, in der sie zunächst einmal lernen, sich nicht mehr gegenseitig zu erziehen oder gar zu bevormunden, wie sie es in ihrer Elternrolle tun. Denn gerade dies wirkt sich auch auf die Sexualität dämpfend aus. Wer schläft schon gern mit einem Partner, der einen erziehen will!

In einer Dreierbeziehung erlebnisfähig zu sein bedeutet, flexibel sich jeweils als Mutter und Vater oder als Partner zu begegnen und diese Rollen nicht immer wieder zu verwechseln.

Im Stress der ersten Jahre mit Kindern ist es für die Partnerschaft oft eine echte Aufgabe, in Herz und Kopf und Bauch wieder Platz zu machen für die Liebe zwischen Frau und Mann.

Ehe zwischen Bindung und Abenteuer

Lisa weint, klagt und ist verzweifelt: »Ich kann einfach nicht glauben, dass er nach zwölf Jahren Ehe nun plötzlich ausziehen will. Wir haben doch eine harmonische Ehe geführt, alles miteinander geteilt, waren offen zueinander und haben immer Rücksicht aufeinander genommen. Und nun, ohne Vorwarnung, passt ihm das alles nicht mehr.«

Immer mehr Paare suchen heutzutage Hilfe in einer Paartherapie, um nicht in einer Scheidung zu enden. Auf den ersten Blick sehen die Probleme der Paare zwar unterschiedlich aus, aber die tieferen Ursachen sind oft sehr ähnlich.

Auf die Frage der Therapeutin: »Was könnte Ihnen beiden denn gefehlt haben in Ihrer Liebe?« ist Lisa ratlos. Nichts hat ihr gefehlt.

Paul bringt es auf den Punkt: »Ich liebe Lisa sehr, aber vor lauter Fürsorglichkeit für sie kann ich seit Jahren bei ihr einfach kein guter Liebhaber mehr sein. Ich brauche Abstand, muss raus hier! Das Schlimmste ist nur, dass ich mir dabei so schlecht vorkomme, obwohl keine andere Frau im Spiel ist. Es ist ja auch nicht zu verstehen: Je lieber ich sie habe, desto mehr lässt meine Leidenschaft für sie nach!«

Und wie steht es bei Lisa mit dem sexuellen Begehren? »Mir ist das mit der Leidenschaft nicht so wichtig, Hauptsache, wir mögen uns wie bisher! Mit all dem Mitgefühl und Verständnis füreinander.«

Lisa wäre zufrieden damit, alles beim Alten zu lassen, auch wenn Sexualität keine Rolle mehr für sie spielen würde. Aber für Paul geht es so nicht weiter.

Er sieht nicht ein, wieso es zwischen ihnen nicht mehr funkt, und schon gar nicht, dass das so bleiben soll.

Ausziehen war nun also seine letzte Hoffnung, um sich seinerseits aus der erotischen Lähmung zu befreien. Wenn es zwischen ihnen wieder spannender werden sollte, mussten beide tatsächlich wieder selbstständiger und unabhängiger voneinander werden. Lisa musste ihr Temperament und ihre Eigenwilligkeit wieder finden, die sie aufgegeben hatte, weil sie unbewusst glaubte, Paul werde sie dann nicht verlassen. Paul hatte seinerseits dem harmonischen und sicheren Zusammenbleiben sein erotisches »Draufgängertum« geopfert, weil er unbewusst Lisa nicht erschrecken oder belästigen wollte. Er wurde daher immer liebevoller, aber auch immer leidenschaftsloser. Beide hatten ihre gefühlsmäßige Sicherheit und Vertrautheit gegen sexuelle Tristesse eingetauscht, ein Vorgang, der vielen Paaren widerfährt.

Lisa und Paul machten sich auf den abenteuerlichen und nicht ganz leichten Weg zu einer spannenderen Beziehung. Ohne dass sie sich räumlich trennen mussten, entwickelten sie so viel innere Distanz und Eigenständigkeit, dass ihnen die sexuelle Liebe wieder Spaß machte. Als sie lernten, sich und dem Anderen die verlorengegangenen Freiheiten wieder zu zugestehen, mussten sie oft mit der Angst kämpfen, sie könnten einander verlorengehen – und waren füreinander doch viel begehrenswerter als vorher.

So brauchen insbesondere langjährige Ehen neben Zweisamkeit und Zuneigung auch den frischen Wind von innerer Unabhängigkeit der beiden Partner, die sich äußerlich in Toleranz zeigt.

Er spricht nicht mehr mit mir

Annette klagt: »Ich habe es satt. Mein Mann redet nicht mit mir. Wenn ich ihn darauf anspreche, geht er sogar manchmal aus dem Zimmer. Er erzählt nichts über sich, über seine Wünsche, Sehnsüchte und seine Probleme. Er zuckt höchstens mit den Schultern und sagt: »Ich verstehe nicht, was du von mir willst: Seit die Kinder aus dem Haus sind, willst du plötzlich unbedingt über Gefühle oder Probleme reden. Dadurch wird das Leben doch nur komplizierter. Ich habe keine Lust, mit dir zu reden.«

Tatsächlich ist das geschilderte Problem ernst, denn Scheidungsrichter hören bei jeder zweiten Scheidung von den betroffenen Frauen als wichtigsten Trennungsgrund: »Mein Mann redet nicht mit mir.«

Was steckt hinter diesem Dauerkonflikt?

Sicher gibt es dafür viele Gründe. Nehmen wir hier nur einen heraus. Eigentlich heißt das, was Annettes Ehemann Volker zu seiner Frau sagt: »Ich weiß nicht, wie ich es anstellen kann, mit dir ins Gespräch zu kommen, ohne mit dir zu streiten.« Anstatt seine Angst vor Streit und Konflikten offen zuzugeben, sagt er: »Ich habe keine Lust, mit dir zu reden.« Er erreicht damit genau das Gegenteil von dem, was er sich erhofft. Denn mit diesen Worten löst er den Konflikt aus, den er eigentlich vermeiden wollte. Sofort geht der Streit los. Aber nicht in einer fruchtbaren Weise, denn unter dem oberflächlichen Konflikt um das Nicht-reden-Wollen steckt ein anderes Problem. So weiß auch Annette in Wirklichkeit nicht, wie sie, nachdem die Kinder aus dem Haus sind, wieder auf ihren Mann zugehen kann.

Die Freiräume für Begegnungen, die dadurch entstanden sind, dass die Kinder aus dem Haus sind, verunsichern beide. Die neue Situation verlangt eine neue Art
des Umgangs miteinander.

Nun stehen die Partner einander gegenüber und sind
ratlos. Auch Annette will dies nicht zugeben, geht lieber gleich zum Angriff über und beschuldigt ihn: »Du
sprichst nicht mit mir!«

Wie kann man in einer Paartherapie diese Missver-
ständnisse auflösen? Um wieder zueinander zu kommen, müsste jeder dem Partner von sich selbst etwas
mitteilen. Volker kann zum Beispiel davon reden, wie
er zwar den Wunsch hat, sich im Gespräch zu öffnen,
aber nicht verträgt, wenn sie ihm sofort widerspricht.
Dann versteht sie, dass er sich mit seinem Schweigen
vor Konflikten schützt. Und wenn sie ehrlich von sich
erzählt, kann er erfahren, wie unbeholfen sie sich fühlt,
wenn sie ihm im Gespräch etwas Persönliches sagen
möchte, und wie sie diese Unbeholfenheit dann schnell
in einen Vorwurf verwandelt.

Gegenseitiges Verstehen ist der Ausweg aus Angriff
oder Rückzug.

Paarkrisen um den Computer herum

Martina beschwert sich: »Mein Mann und ich hatten früher eine glückliche Beziehung. Dann sind wir vor ein paar Monaten umgezogen. Nun hat mein Mann ein Arbeitszimmer und verschwindet immer länger darin, um am Computer zu arbeiten. Wir haben immer weniger Zeit füreinander. Aber er besteht auf dieser Rückzugszeit, wie sehr ich mich auch beklage. Was können wir tun?«

Für viele Paare wird der häusliche Computer zum Austragungsort von Beziehungskrisen unterschiedlichster Art. Und meistens wird der Partner, der am Computer verschwindet, als der Problematische gesehen. Wenn das so einfach wäre! Meist sind beide Partner daran beteiligt.

Martinas Beschwerde klingt so, als ob sie schon von Anfang an diese für ihren Mann wichtige Rückzugszeit als gegen sich gerichtet erlebt hätte. Vielleicht wollte er aber anfangs nur das tun, wofür er sich das Arbeitszimmer samt Computer eigentlich eingerichtet hatte: zu sich kommen, allein – und am Computer arbeiten. Auf Grund des Drängens auf mehr gemeinsame Zeit entstanden bei ihrem Mann vielleicht Gedanken wie: »Lass mich bitte in Ruhe!« »Ich bin von der Arbeit müde und möchte jetzt nicht noch von dir beansprucht werden.« »Hast du denn nicht auch etwas Interessantes zu tun?«

Anstatt sich Martina mitzuteilen, zog er sich immer mehr zurück. Martina könnte für sich nun der Frage nachgehen, ob sie sich und das, was sie tut, überhaupt wichtig genug nimmt, sei es in in einem Beruf, im Haushalt, mit den Kindern oder auch bei anderen Interessen? Es klingt so, als ob sie keine Lust hätte, selbstständig, unabhängig von ihrem Mann, sich ihren eigenen Dingen zu zuwenden, oder wenn er im Hause ist, sich nicht selbst sinnvoll beschäftigen könnte. Dann käme er in die undankbare Rolle, das Interessante in ihre gemeinsame Zeit hineintragen zu sollen.

Wenn sie als Frau sich und ihre Tätigkeiten als wertvoll ansehen würde, dann könnte sie sich weiter ihren Sachen widmen und sich dann mit ihm verabreden: »Wann bist du fertig? Dann richte ich mich ein und bin auch da.« Das wäre ein attraktiveres Angebot, weil darin zum Ausdruck kommt, dass sie ihre Verschiedenheiten und unterschiedlichen Bedürfnisse an die Zweisamkeit achten.

Ihre Begegnung sieht sicher ganz anders aus, wenn sie – anstatt zu klagen – sich aus dieser zufriedenen Position heraus mit ihm verabreden oder ihn zu Gemeinsamkeiten verführen würde.

Feste feiern

Bärbel (32) – selbst etwas schüchtern und ordentlich – schätzte anfangs an Fred (30), den sie im Karneval kennen und lieben gelernt hatte, seine ungezwungene, etwas chaotische Art und hielt dies für Charme und Kreativität. Fred fühlte sich neben Bärbel so richtig wohl, weil sie darauf achtete, dass er nicht zuviel trank und nicht über die Stränge schlug.

Drei Jahre später konnten beide genau diese – vorher positiv beurteilten – Seiten aneinander nicht mehr ertragen. Freds ungezwungener, chaotischer Charme wurde für Bärbel im Alltag zur Unzuverlässigkeit und in der Liebe zum Anlass von eifersüchtigen Befürchtungen. Bärbels Fürsorge wurde für Fred zu unerträglicher Kontrolle und Einschränkung, der er zu entkommen trachtete.

Bärbel und Fred waren ganz verwirrt, welch tiefe Abneigung sie in der letzten Zeit gegen den Anderen entwickelt hatten. Er nahm immer weniger Rücksicht auf sie, ließ sie mit dem Essen warten, ohne sich zu melden. Sie spionierte hinter ihm her und nörgelte an ihm herum. Um Liebe ging es ihnen nicht mehr. Beide hatten die Chancen nicht genutzt, vom Anderen zu lernen. Stattdessen waren sie bei der Rollenverteilung des Anfangs geblieben: sie die Ordentliche, er der charmante Chaot, und diese Eigenschaften hatten sich mit der Zeit sogar noch verschärft. Nun waren sie an einem Punkt angelangt, an dem die negativen Seiten der anfangs guten Eigenschaften alles überdeckten.

Um aus diesen Machtkämpfen wieder auszusteigen, müssten beide die heute verteufelten Eigenschaften des Anderen wieder anerkennen. Dann könnten sie wahrnehmen, dass Fred es verpasst hatte, von Bärbel und ihrer Ordentlichkeit für seine eigene Lebensführung zu profitieren, und Bärbel hatte sich von seiner Ungezwungenheit nicht anstecken lassen, um selbst lockerer, großzügiger und begeisterungsfähiger zu werden. Gerade das fehlte ihnen aber, um ihre eigene Person zu vervollständigen und ihre Liebe erfüllter zu machen.

Im Karneval oder anderen Festen liegen Chancen, die viele Menschen für sich nutzen. Sie überlassen sich der altbekannten Wirkung des gelösten Treibens: Musik, Tanz und Singen helfen, die Gewalt der dunklen Gefühle für ein paar Stunden zu bannen. Und in der Übertreibung von Bewegung, Lautstärke und leidenschaftlichen Ausbrüchen setzen sich alte, verborgene Kräfte wieder frei, die unser Temperament auffrischen. Und wenn man Glück hat – und etwas dafür tut –, bleibt im Alltag ein Echo davon als Belebung erhalten.

Für die Liebenden jeden Alters heißt das: Was im Karneval übertrieben werden darf, ist im Alltag – leicht gezähmt – gut brauchbar!

Bei Agnes und Willi, beide 62 Jahre alt, hielt die gute Stimmung lange nach dem Karneval noch an. Allerdings erinnerten sie sich immer wieder gegenseitig an die ausgelassene Zeit und die überraschenden neuen Seiten, die sie am Anderen kennengelernt hatten: »Du warst so schön und fröhlich beim Tanzen«, sagte Willi zu ihr. Und Agnes: »Ich hab' gar nicht gewusst, dass du so viel reden kannst. Gut war das!«

Ältere und alte Paare machen, wenn sie schlau sind, aus dem Karneval geradezu einen Jungbrunnen für ihre Liebe. Dann holen sie sich die im Alltag der letzten

Jahre verlorengegangenen oder vergessenen, lockeren, fröhlichen und ungezwungenen Seiten wieder zurück.

Und das Flirten und die Untreue? Sind das nicht echte Gefahren für die Liebe, wenn es im Karneval so locker zugeht?

Flirten ist ein Spiel. Ein Spiel zwischen Anziehung, Distanz, Geheimnis und Gefahr. Je selbstsicherer die Spieler, desto größer der Reiz für alle Beteiligten – und desto geringer die Verletzungen! Ganz nah können sie sich kommen, die Spannung an der Grenze auskosten, ohne die Grenzen überschreiten zu müssen.

Ganz andere Wirkungen hat ein Seitensprung. Er schafft Tatsachen, die das ganze Lebensgefüge erschüttern. Und man kann nicht vorher absehen, ob er die Beziehung zerstört oder Impulse für neue Entwicklungen liefert.

Eifersucht

Alexandra ist extrem eifersüchtig. Dauernd befürchtet sie, dass Roland ihr untreu werden könnte, und beobachtet ihn daraufhin misstrauisch. Roland weiß nicht, was er an seinem Verhalten ändern könnte, denn er ist treu, weil er Alexandra liebt. Er geht in der Beziehung völlig auf, erfüllt ihr jeden Wunsch und käme nie auf die Idee, ihr etwas abzuschlagen oder gar Nein zu sagen. Woher kommt also ihre Eifersucht? Sie suchten nach einer Lösung, wie Alexandra sich von ihrer Eifersucht befreien konnte.

Die Lösung war anders, als sie erwartet hatten.

In einer Paartherapie schauen wir nicht auf die Schwierigkeiten nur eines Partners, sondern auf die Beziehung zwischen beiden.

In diesem Fall weiß Alexandra genau, wie leicht Roland zu lenken ist, wenn ein Anderer genauso wie sie Druck auf ihn ausübt. Von daher hat sie aus »psychologischer« Sicht wirklich allen Grund zur Eifersucht, auch wenn er bis jetzt treu geblieben ist. Da er ihr gegenüber nicht Nein sagen und ihr nichts abschlagen kann, wenn sie etwas von ihm will, könnte da ja auch eine andere Frau kommen, deren Wünschen und Forderungen er »nicht widerstehen« kann. Tief in ihrem Inneren befürchtet Alexandra, dass eine andere Frau schnell merkt, dass sie nur den Druck oder die Anziehung zu verstärken braucht, und schon gibt er nach.

Alexandra hat zwei Seelen in ihrer Brust: Die eine (ängstlichere, nicht erwachsene) möchte, dass Roland alles tut, was sie will. Die andere (erwachsenere, weibliche) Seele verachtet ihn dafür. Diese Seite ihrer Seele möchte, dass er auch Nein sagen kann, wenn er etwas nicht will. Sie möchte sehen und merken, wie er als erwachsener Mann wirklich ist. Aber Roland fürchtet unbewusst, dass sie das gerade nicht vertragen würde, und zeigt sich lieber nachgiebig und angepasst, weil er sie nicht verunsichern und schon gar nicht verlieren will. In der Paartherapie verstand er schnell: ob er es Alexandra nun brav recht machte und sein Nein zurückhielt oder ob er ihr wirklich zeigte, was er dachte und was er wollte oder nicht wollte – immer würde er eine Seite ihrer Seele enttäuschen. Dann konnte er ja auch gleich so bleiben, wie er war!

Beide haben unterschiedliche Schritte zu tun, um aus dem Dilemma herauszufinden: Alexandra wird sich getrauen, mehr auf die erwachsene Stimme in sich zu hören, und aushalten, dass Roland er selbst und damit oft ganz anders ist, als sie es erwartet. Für sie dürfte es nicht leicht werden, diese Veränderungen an ihrem Partner zu ertragen. Denn sie hat ihn ja genau deshalb geheiratet, weil er ihren Wünschen stets so bereitwillig nachgab.

Für Roland wird es ein steiniger Weg hin zu sich selbst werden. Die Angst, Alexandra zu verlieren, wird ihm Rückschläge bescheren und ihn in die Angepasstheit zurückfallen lassen. Aber Rückschläge gehören eben zu einer guten Entwicklung. Schließlich ist es mühsamer und dramatischer, erst als erwachsener Mann zu lernen, sich selbst ernst zu nehmen, sich mit »Nein« abgrenzen zu können und damit spürbar zu werden, als sich dies als Dreijähriger in der Trotzphase oder als Jugendlicher in der Pubertät zu erkämpfen. Denn eigentlich gehört das erste, harte Ringen um die Autonomie in diese früheren Lebensphasen.

Ersparen kann sich Roland diese Entwicklungsschritte allerdings nicht, wenn er als Mann Achtung vor sich selbst haben und für Alexandra als Mann und Partner vertrauenswürdig werden möchte.

Untreue: Unheilbare Verletzung oder (bittere) Medizin für die Liebe

Sebastian und Hanna haben drei Kinder. Sebastian hatte vor drei Jahren über längere Zeit eine Geliebte, Hanna ist dahintergekommen und unendlich verletzt. Er hat damals mit der anderen sofort Schluss gemacht, aber Hanna konnte sich danach nicht wieder beruhigen. Jahrelang wirft sie ihm nun schon seinen Verrat vor und kann auf seine Entschuldigungen und Versöhnungsversuche nicht eingehen. Sie bleibt abweisend und verzweifelt.

Es gibt diesen unbewussten Anspruch auf Unversehrtheit des eigenen Lebenslaufs. Hanna besteht hartnäckig darauf, dass dies alles einfach gar nicht hätte passieren dürfen. Der Sündenfall »Seitensprung« war in ihrem Leben nicht vorgesehen. So versucht sie ihr Trauma verzweifelt loszuwerden, anstatt es zu sich zu nehmen als etwas, das zu ihr gehört. Wenn man einen großen Baumstamm durchsägt, kann man an den Jahresringen auch noch die Verletzungen sehen, denen der Baum in früheren Jahren ausgesetzt war: als ein Reh daran nagte oder der Wind so stark war, dass der Baum beinahe umgeknickt wäre. Trotz all dieser Verletzungen ist der Baum unbeirrt weiter gewachsen. Wenn man der Gefahr von Verletzungen in Beziehungen ausweichen will, muss man sie vollständig meiden. In einer Beziehung absolute Sicherheit zu erwarten, ohne dass auch einmal etwas Schlimmes passieren darf, ist eine Illusion, und Enttäuschung und Frustration sind vorauszusehen.

Erst wenn Hanna sich über die Schuldfrage hinausbewegt, kann sie sich einigen Fragen zuwenden, die sie aus ihrer starren Haltung herausholen können, zum Beispiel Fragen danach, was sie als Frau in ihrer Beziehung vermisst, was sie sich wünscht und was Sebastians Geliebte alles bekommen hat, was er bei ihr nicht unterbringen könnte.

Thomas (44) war seit langem glücklich verheiratet. Dennoch hatte er sich in eine Affäre mit der 23-jährigen Ilona verwickelt. Er erlebte in dieser Außenbeziehung unerwartet starke, neue Gefühle. Thomas war anfangs von der Jugend seiner neuen Geliebten wie verzaubert. Aber nun kamen ihm ernste Zweifel. Er fing an, die zu ihrer Jugend gehörende Unreife, Unausgeglichenheit und ihre Abhängigkeit wahrzunehmen, und er ahnte, dass die neue Liebesbeziehung auf Dauer scheitern würde. Er versuchte deshalb, seine Ehe zu retten, und begann gemeinsam mit seiner Frau Veronika eine Paartherapie.

Veronika hatte inzwischen schmerzhaft für sich erkannt, dass auch sie an Thomas' Untreue unbewusst mitgewirkt hatte. Sie hatte ihre Aufmerksamkeit in letzter Zeit auf viele andere Dinge, aber nicht genug auf ihre Beziehung gerichtet. Deshalb stellte sie ihre Gefühle der Kränkung und ihre Eifersucht zurück und war bereit, ihre Liebe zu Thomas wieder neu zu beleben.

Veronika und Thomas ahnen, dass sie in ihrer eigentlichen Liebesbeziehung etwas Entscheidendes verpasst haben. Sie glauben, dass ihnen noch tiefere Liebesgefühle und aufregendere und länger anhaltende erotische und sexuelle Erfahrungen entgangen sind. Und sie befürchten, dass ihnen dies in der neuen Beziehung wieder genauso ergehen könnte.

Heute ist das Ideal die dauerhafte romantische Liebe, von der man sich die intensivsten, tiefsten und umfassendsten Liebesgefühle verspricht. Zu dieser Liebesform gehört die Gleichzeitigkeit von tiefer, verlässlicher Liebesbindung und erotischem Begehren. Fatalerweise haben die Bindung und das Begehren unterschiedliche Ziele und sind daher schwer in Einklang zu bringen. Die Liebes-Bindung strebt nach Sicherheit, Harmonie und langer Dauer, während erotisches Begehren nach Abenteuer, Risiko und Neuem strebt. Das ist einer der Gründe, warum es in früheren Zeiten eher akzeptiert wurde, dass man sich für Bindung und Begehren jeweils andere Partner wählte: die Ehefrau für die verlässliche Liebesbindung und die Geliebte für prickelndes Abenteuer – oder den Ehemann für die materielle Versorgung und den Geliebten für das Neue, Fremde, Aufregende.

Heute werden solche »Verhältnisse« eher mit Empörung aufgenommen. Man will einen Partner für sich allein und mit diesem beides: eine tiefe, langjährige Bindung und zugleich aufregende Erotik erleben.

Wie kann das gelingen: Aufregendes und Ungewohntes zulassen, und nicht dauernd auf Gemeinsamkeit und Harmonie bestehen?

Der ganze Schatz liegt tatsächlich in der eigenen Liebesbeziehung vergraben, man braucht ihn nur zu heben.

Es ist schon aufregend und risikoreich genug, wenn Thomas beginnt, in der Beziehung zu Veronika immer ehrlicher seine Gefühle zu zeigen – vor allem auch die schwierigen. »Ich weiß gar nicht, ob ich dich wirklich noch liebe« oder »ich möchte heute allein sein, ohne dich«, sind solche Sätze, die dem Liebenden zunächst das Blut in den Adern gefrieren lassen. Sind sie aber einmal ausgesprochen, beim Anderen angekommen und von beiden überstanden, ist die Wirkung ungeheuer. Der Strudel der Gefühle, der durch diese neue Art von Intimität ausgelöst wird, öffnet die geheimen Kammern des Inneren beider Partner. Durch diese Öffnung bekommen neben den dunklen Gefühlen auch die starken Liebesgefühle wieder Luft und Licht.

Der Aufwand lohnt sich, denn Untreue wird überflüssig, wenn neben tiefem Verständnis füreinander auch Überraschung, Fremdes, Abenteuer und Risiko in der Beziehung selbst gelebt werden können.

Flirten als Machtkampf

Anja stellte Manfred ein Ultimatum: »Wenn du weiterhin in meiner Gegenwart so heftig mit anderen Frauen flirtest und dich nach ihnen umdrehst, trenne ich mich von dir!« Tatsächlich fiel Manfred selbst sein Verhalten gar nicht so stark auf, daher konnte er für nichts garantieren. Aber er wollte Anja nicht verlieren und war bereit, mit ihr eine Paargruppentherapie aufzusuchen und dort sein Verhalten zu überprüfen.

Viele Frauen beklagen sich, dass der Partner in ihrer Gegenwart betont auffällig anderen Frauen nachschaut oder mit ihnen flirtet. Die Gründe dafür sind vielfältig.

Oft versucht sich der Mann mit diesem Verhalten aus einer vermeintlichen Einengung zu befreien. Er glaubt, er darf nicht schauen, und muss sich gerade deshalb dauernd beweisen, dass er sich nichts verbieten lässt. Dabei kann es sein, dass sie es ihm zu verbieten versucht – oder er glaubt es nur. Jedenfalls hängt sein Gefühl von Freiheit davon ab, dass er gegen den Willen eines Anderen handeln kann.

Sie hat, wenn sie es ihm wirklich verbieten will, noch nicht verstanden, dass ihr persönliches Gefühl von Sicherheit als Frau nicht in der Bestätigung des Mannes liegt, sondern im Empfinden ihres eigenen Wertes. Ist ihr Selbstwert nicht genügend gesichert, kann auch sie versuchen, sich durch überbetontes Flirten mit anderen ihm gegenüber wieder aufzuwerten.

Andere Paare rivalisieren beim Thema Flirten miteinander. Dann ist die Reaktion des jeweils Leidtragenden auf keinen Fall mit Eifersucht zu verwechseln, sondern sie ist eher ein knallharter Machtkampf. Wenn einer der Partner sich unterlegen fühlt, kann er sich durch auffälliges Flirten in die überlegene Position bringen. Das beobachtet man öfter bei großen Altersunterschieden, beruflichen und Standesunterschieden und Unterschieden in der äußerlichen Attraktivität.

Die jüngere Rita fühlte sich ihrem 20 Jahre älteren Freund Paul unterlegen, weil er mehr Lebenserfahrung hatte und beruflich erfolgreicher war als sie. Sie suchte sich ihren »Erfolg« im Flirten mit Männern, die jünger waren als Paul, was diesen tief verletzte.

Bei Luise und Konrad war es umgekehrt.

Konrad war 15 Jahre älter als Luise. Aber er war eher unattraktiv, Luise dagegen sehr schön. Sie liebte ihn sehr, aber er versuchte seine Erscheinung vor ihr aufzu-

werten, indem er andere Frauen so lange anschaute, bis sie endlich aufmerksam auf ihn wurden. Luise zog sich immer weiter mit ihren Gefühlen vor ihm zurück, weil ihr das auf die Dauer zu weh tat.

Für beide Partner ist es hier besonders wichtig, sich innerlich nicht auf dieser Wippe der Über- und Unterlegenheit aufzuhalten. Sonst ist man im Machtkampf um den eigenen Selbstwert an den Partner gekettet.

Wer zuerst seinen Selbstwert in sich entwickelt, wird auch als erster diesen Flirt-Kampf aufgeben. Dann heißt es: »Wenn du als Partnerin oder Partner nicht wirklich nur mich meinst, bist du mir als Partner zu wenig.« Eine solche Konstellation kann tatsächlich auch zur Trennung führen. Es könnte aber dem Partner nach diesem Ausspruch auch klar werden, wie ernst die Situation für ihn geworden ist, so dass er sein Verhalten ändert.

Dass Frauen das Flirten und Hinterherschauen häufiger beklagen als Männer, liegt nicht nur in den Genen der Männer und an ihrem angeborenen Jagdinstinkt. Es liegt auch daran, dass Frauen es sich eher erlauben, unter diesem Verhalten ihrer Partner zu leiden. Männer haben in solchen Situationen früher das Gefühl, der Rivalitätskampf sei schon verloren, und geben ihre verletzten Gefühle daher lieber nicht preis. Sie leiden unter dem betonten Flirten ihrer Frauen lieber stumm weiter oder sie versuchen, die Frau vor den Rivalen herabzusetzen. So blamierte ein Ehemann seine Frau auf einer Party im entscheidenden Moment vor dem vermuteten Flirtadressaten: »Meine Frau ist nicht mal fähig, den Führerschein zu machen.«

Grundsätzlich geht es beim verletzenden Flirten immer um die Frage der Selbstsicherheit *beider* Partner.

Ist diese nicht kräftig genug ausgebildet, wird man dazu neigen, eher zu lange in einer solchen Lage zu bleiben. Wenn man einen sicheren Selbstwert hat, weiß man sehr bald, dass man nicht neben einem Menschen ausharren kann, der nicht genügend auf den eigentlichen Partner bezogen ist, sondern immer wieder neue Bestätigungen von außen braucht.

Postmoderne Lebensformen – Was von der Seele heute verlangt wird

Bettina hat das Gefühl, dass ihr Leben nicht in Ordnung ist. Sie hat einen Jungen von sieben Jahren und einen Mann, Eckhart, der seit vielen Jahren nicht darauf verzichten kann, jeden Abend, sobald das Kind im Bett ist, angetrunken zu sein. Sie kann mit ihm dann weder sprechen noch zärtlich werden.

Er möchte nichts ändern und will bei ihr bleiben. Eine Paarberatung lehnt er ab. So begibt sie sich ohne ihn in eine Gruppentherapie.

Dort bearbeitet sie ihre Rolle als Co-Alkoholikerin und kann es aufgeben, ihn zu kontrollieren und mit ihren Ermahnungen zu traktieren. Eckart ist zwar froh, dass seine Frau mit ihren Nörgeleien über seinen Alkoholkonsum aufhört, und mag sie um so mehr, aber ändern kann und will er sich nicht. Bettina hat für sich herausgefunden, dass sie trotz allem bei ihrem Ehemann bleiben will, weil er in seiner Rolle als Vater weiterhin liebevoll und aufmerksam ist. So findet sie einen Mann außerhalb der Familie, von dem sie sich angezogen fühlt und mit dem sie sprechen kann.

Schließlich nimmt sie eine enge Beziehung zu ihm auf.

Nun hat sie quälende Zweifel, ob sie das darf: in der Familie die Elternrolle, außerhalb die zärtliche, sexuelle Frau-Mann-Beziehung. Sie ist noch nicht so weit, ihre Lebensform selbst zu verantworten, obwohl sie zur Zeit alle Beteiligten zufrieden stellt, und wird daher von Schuldgefühlen geplagt. Sie fordert von sich als Frau, in ihrer Beziehung zum Ehemann alle Gefühle – auch die erotischen und sexuellen – unterbringen zu können. Auch wenn das augenblicklich unmöglich scheint.

Im Grunde ihres Herzens ist sie ein braver Mensch. Sie wird erst wieder froh, als sie erfährt, dass die von ihr gewählte Form des Zusammenlebens heute ein häufig gewählter Ausweg ist, oft auch ein Weg, um eine Scheidung zu verhindern und die Kinder in der Familie weiter aufziehen zu können. Voraussetzung ist allerdings, dass das Elternpaar sich nicht streitet, sondern als Eltern zu einer lebendigen und respektvollen Beziehung findet. Bettina steht für viele Menschen, die heute mit der Art ihres Lebensstils die alten Werte der Traditionen verlassen und damit auch ihre Sicherheit verlieren.

Oft hinken die wissenschaftlichen Theorien über das Zusammenleben, die Ratgeberliteratur und die öffentliche Meinung der heutigen Lebenspraxis hinterher. Diese Menschen müssen ohne passende Vorbilder auf gewohnte Regeln und Moralvorstellungen verzichten und erst lernen, wie man die neue Sicherheit in der neuen Lebensführung allmählich erwirbt und moralisch selbst verantwortet.

Zu schnell im Bett

Georg und Elke haben eine harmonische Beziehung. Vielleicht umsorgt Elke ihren Mann ein wenig zu eifrig, aber beiden scheint das zu gefallen. Deshalb wollen sie nicht hinnehmen, dass sie als Paar ausgerechnet in der Sexualität nicht so harmonieren wie sonst in ihrem Zusammenleben. Seit langer Zeit schon kommt Georg regelmäßig zu einem vorzeitigen Samenerguss, bevor er sich Elke körperlich wirklich genähert hat.

So kamen sie als Paar in die psychotherapeutische Beratung, die oft von Paaren aufgesucht wird, bei denen die Männer beim Liebesakt mit ihrer Partnerin unter einem vorzeitigen, überstürzten und unfreiwilligen Samenabfluss leiden (auch Ejaculatio praecox genannt). Dieser sich wiederholende Vorgang führt zu einer diffus spürbaren Unzufriedenheit. Aber dieses Leiden wird oft für so unabänderlich gehalten, dass Männer wie Frauen, wenn sie unter sich sind, lieber Witze darüber machen, anstatt diese missliche Lage zu verstehen und Abhilfe zu schaffen. Dann aber gibt es einen Zeitpunkt, da wollen Paare diesen Ablauf, der ihr Sexualleben überschattet, nicht mehr als gegeben hinnehmen, weil sie ihn als zu unbefriedigend erleben. Manchmal ist es auch die Weiterentwicklung eines der beiden Partner, die zum Wunsch nach Veränderung führt. Der Mann denkt an seine Frau, für die er im körperlichen wie im seelischen Erleben nicht fühlbar wird. Aber auch sein eigener Wunsch nach Steigerung und zeitlicher Dauer des Begehrens und der Erregung kommen zu kurz. Die Frau ist verunsichert, weil sie zwar zu ahnen glaubt, dass sie daran beteiligt ist, wenn ihr Mann schon abbricht, bevor sie zusammenkommen. Aber sie kann die Ursache allein nicht finden. Überhaupt ist es wichtig zu wissen, dass diese Störung nicht von selbst heilt, sondern sich im Laufe der Zeit verschlimmert. Das liegt an dem Teufelskreis der sich steigernden Angst, der Ablauf könne sich wiederholen.

Wenn sich das Paar in einer psychotherapeutischen Beratung oder in einer Paar-Gruppentherapie (zusammen mit anderen Paaren) der Gruppe mit ihrem Geheimnis anvertrauen kann, ist es meist für alle erstaunlich, wie viele andere Paare dieses Problem kennen: 25–30 Prozent der Männer leiden darunter.

Erstaunlich ist auch, welche seelischen Haltungen hinter diesem Problem stecken können.

Mit dieser unwillkürlichen, dem Bewusstsein entzogenen vorzeitigen sexuellen Entladung schützt sich das Paar vor einer inneren Gefahr, von der weder Mann noch Frau etwas ahnen.

So gibt es zum Beispiel eine persönliche Ausgangslage, bei der ein Mann sich unbewusst in der Nähe seiner Frau nicht vertrauensvoll hingeben kann. Er erlebt sie nicht als gleichberechtigte Partnerin, sondern als so übermächtig, dass er sich vor ihr durch den schnellen Rückzug zu retten versucht.

Bei Georg und Elke handelt es sich um eine andere seelische Situation, die sich durch die vorzeitige Ejakulation unbewusst ausdrückt: »Wenn ich meine Potenz vollständig zulasse, gebe ich zu, dass ich ein erwachsener Mann bin, und werde nicht mehr so umsorgt.«

Der seine männliche Spannkraft Opfernde erwartet also unbewusst als Gegengabe Schonung und Unterstützung. Die Frauen gehen tatsächlich oft darauf ein, aus eigener unbewusster Angst vor der kräftigen männlichen Sexualität. Sie versorgen und loben den Mann und gehen innerlich auf Zehenspitzen, um seine zarte Potenz nicht zu erschrecken. Beide haben sich auf den Vorrang der gegenseitigen Versorgung eingerichtet, und dafür verzichten sie, ohne es bewusst zu wollen, auf sexuelles Begehren und Erregung. Der Mann übernimmt es unbewusst für beide, bevor er körperlich spürbar wird, abzufließen.

Ein anderer unbewusster Hintergrund für diese Störung kann die Verbindung von Sexualität und Leistung sein. Diese Männer sind mit sich selbst oft unzufrieden und übertragen diesen Anspruch, leistungsstark und ohne Makel zu sein, auf die Sexualität. Sie haben dann Angst zu versagen, und schon ist das Symptom geboren.

Das vorschnelle Ende kann aber auch einer Leistungsverweigerung in einem verdeckten ehelichen Machtkampf gleichkommen. »*Sie* will, das ich länger erregt bin, *sie* will Lust haben, *sie* will, dass ich mich beherrsche, also verweigere ich mich!«

Es gibt sicher viele weitere »gute Gründe«, sich unbewusst mit diesem zu kurzen Spannungsbogen der vorzeitigen Entladung vor der Hochspannung sexueller Gefühle schützen zu müssen. Dann steht der Sprung in eine spannende Mann-Frau-Beziehung noch bevor.

Fehler nicht beim Partner suchen

»Konntest du nicht besser aufpassen! Das hat uns gerade noch gefehlt, dass du das Auto schrammst, wo wir so knapp mit dem Geld sind«, fährt Michael aufgebracht seine vom Unfall noch schockierte Frau Evelyn an. Sie wehrt sich trotz Schock sofort: »Gerade du musst das sagen! Du wirfst das Geld doch schon freiwillig raus. Wie war das mit den zwei Uhren letzte Woche? Eine hätte es auch getan.«

Viele Paare vertun ihre Zeit damit, sich gegenseitig Fehler anzukreiden. Sie beschimpfen sich, anstatt sich gegenseitig zu trösten und zu unterstützen, wenn einem von beiden etwas Unangenehmes zustößt.

Jochen kommt geknickt nach Hause, sein Chef hat ihn abgemahnt. Seine Frau Konstanze: »Das hab' ich schon kommen sehen. Wenn du auch immer zu spät zur Arbeit fährst! Pünktlichkeit ist doch das Mindeste, was man von dir verlangen kann.« Jochen verstummt. Er findet es sehr verletzend, wie sie im Leid noch auf ihm herumhackt. Dabei wissen beide, dass auch Konstanze nicht die Pünktlichste ist.

Diese Situationen werden auch nicht angenehmer dadurch, dass der Schimpfer meistens Recht hat. Als ob es darauf ankäme! Man hat zwar Recht, aber mehr auch nicht! Das Gegenüber geht auf Abstand. Rechthaben ist in einer Beziehung völlig unbrauchbar, weil es Dinge oder Normen höher bewertet als den Menschen und Partner mit seinen Gefühlen und seinem Selbstwert.

Aber es muss ja etwas Verlockendes daran sein an diesem Verhalten, sonst wäre es nicht eine so häufig praktizierte Umgangsform, sei es mit Partnern, Kindern oder Kollegen. Es geht in Wirklichkeit um den Wunsch, selbst fehlerlos zu sein.

So war es aufschlussreich, dass eigentlich Michael ein Problem mit Geld hatte und im anderen Fall Konstanze mit der Pünktlichkeit. Oft lehnt man »Fehler« bei sich selbst ab und entdeckt sie beim Gegenüber. »Kannst du nicht besser aufpassen (mit dem Geld)?« Evelyn will den Fehler auch nicht haben und schiebt ihn wieder zurück. Beide richten den Zeigefinger auf den Anderen und merken nicht, dass drei Finger der eigenen Hand doch wieder auf sie selbst zurück weisen. Wenn man sich ganz besonders über bestimmte Eigenschaften an anderen Menschen aufregt, handelt es sich meistens um solche Fehler, die man an sich selbst besonders ablehnt.

Wer sich selbst schätzt und ernst nimmt, hält es mit dem Satz: »Leute, macht Fehler, damit ihr vorwärts kommt!« Die eigenen Fehler braucht man selbst, denn Fehler schärfen die Aufmerksamkeit und führen beim nächsten Mal zur erfolgreicheren Meisterung der entsprechenden Situation. Fehler sind wie die Sprossen in der Leiter. Es gehört zur seelischen Gesundheit, neben den guten auch mit den schwierigen oder gar schlechten Seiten an sich selbst einverstanden zu sein. Sonst wirkt es so, als wollte man nur auf einem Bein, dem »rechten«, laufen und zöge das linke hoch. Aber erst wenn man auch das »linke« benutzt, steht man fest auf dem Boden (der eigenen Realität) und kann von dort aus vorwärts gehen, anstatt zu hüpfen. Ein vollständiger Mensch darf beides: Er hat seine guten Eigenschaften und akzeptiert seine schlechten. Ein vollkommener Mensch darf nur gut und fehlerfrei sein.

Als vollständige, nicht vollkommene Menschen würden Michael oder Konstanze nicht mehr sagen: »Warum kannst du nicht …«; »warum hast du nicht …«; »siehst du denn nicht …« –, sondern: »Ich kann manches auch nicht so gut« oder: »Etwas Ähnliches hätte mir auch passieren können.«

Die gepflegte Beziehung

Wo immer Clara und Till auftauchten, ernteten sie erstaunte Blicke. Ihr Umgang miteinander war ausgesprochen liebevoll, höflich und zärtlich, und das nun schon seit 15 Jahren. Die Freunde beobachteten das Glück beinahe misstrauisch. Wann würde es endlich zur Krise kommen? Aber im Gegenteil, ihr elektrisierend hinreißendes Zusammenspiel wirkte immer noch ansteckend und frisch. Was war das Geheimnis dieses Paares?

Als Erstes einmal: Es war ein Irrtum der Freunde, wenn sie glaubten, Clara und Till hätten keine Krisen zu überstehen. Sie gerieten, wie andere Paare auch, in Schwierigkeiten, wenn sie nicht aufmerksam auf sich selbst und den Anderen waren. Nur behandelten sie diese Krisen als Signale und Botschaften, dass etwas nicht in Ordnung war, und dazu, sich noch einmal besser kennenzulernen und offener und achtsamer auf den Anderen zuzugehen. Sie verloren dabei meistens nicht ihr Ziel aus den Augen, ihre Liebe mit allem Einsatz jeweils von der eigenen Seite her zu pflegen.

Eines Tages gerieten sie in eine Auseinandersetzung, weil Clara so gern in einen bestimmten Film und Till in einen interessanten Vortrag gehen wollte. Sie fingen an, sich gegenseitig überzeugen zu wollen, wohin sie gehen müssten, und es endete mit einem Streit, in dem sie beide richtig wütend wurden. Sie nahmen sich gegenseitig diesen Ausrutscher zum Glück nicht so übel, sondern verziehen ihn sich unter dem Motto: Wenn wir auf unserem Ärger nicht zu sehr den Dämpfer haben, dann ist auch auf unserer Liebe und Leidenschaft der Dämpfer nicht zu stark.

Als Lösung nach dem Streit besannen sie sich auf ihr Ziel: Zum Streit war ja es nur gekommen, weil sie ihre Liebesbeziehung aus den Augen verloren hatten und weniger wichtige Dinge wie Film und Vortrag *über* ihre Beziehung gestellt hatten. Klar war ihnen, dass sie an diesem Abend zusammenbleiben wollten, und dann ergab sich alles andere wie von selbst: Der Vortrag fand nur heute statt, aber in den Film konnten sie auch morgen noch gehen.

Solche Szenen liefen bei Clara und Till aber selten ab, weil es für sie bisher selbstverständlich war, in der Beziehung stets nur das Beste zu geben. Vielen kommt es absurd vor, dass man sich im Umgang mit dem Partner niemals gehen lassen darf; dabei haben Nachlässigkeiten schwere Folgen für jede Liebesbeziehung. Für wertvolle Dinge ist es ganz selbstverständlich, dass man sie pflegen muss, wenn man an ihnen lange Freude haben will. Bei Beziehungen denken viele, dass sie sich sozusagen selbst pflegen. Das Gegenteil ist der Fall.

Nicht umsonst gibt es den Begriff der »gepflegten Beziehung«!

Charles Aznavour hat in seinem Chanson zumindest

über die »ungepflegte« Beziehung gesungen: »Du lässt dich geh'n, du lässt dich geh'n, denkst du vielleicht, das find' ich schön?«

Es wirkt sich ganz einfach aus, ob man es sich in einer Beziehung bequem macht oder ob man achtsam im Blick auf sich und den Anderen bleibt. Toleranz, Loyalität und Aufmerksamkeit sind in einer Beziehung genauso ansteckend wie Bequemlichkeit und Unaufmerksamkeit.

Oft vergessen Paare auch, dass die erste Zeit der Beziehung so schön war, weil man damals permanent umeinander geworben hat.

Nicht die Sorgen nehmen

Da ist der junge Ehemann, Florian, der seiner am Kaufrausch erkrankten Frau Dunja (die selbst Geld verdient) immer wieder die Schulden bezahlt. Er befürchtet, dass sie sich sonst Sorgen macht, und möchte sie ihr ersparen. So wird die Krankheit schlimmer, weil ihr das eigene Leiden daran fehlt. Erst als auch er finanziell am Ende ist und der starke Drang zum Kaufen bei Dunja trotz allem anhält, wird ihr Leidensdruck endlich so groß, dass sie in Behandlung geht – durch Florians gut gemeinte Sorge und Hilfe viel später als nötig.

Weshalb neigen so viele Menschen dazu, Anderen ihre Sorgen abzunehmen? Was treibt sie dazu und warum halten sie es für etwas Gutes, so schnell für Andere einzuspringen?

Vordergründig sieht Florians Handlungsweise liebevoll aus – er hilft seiner Frau. Aber eigentlich will er sich

selbst etwas Unangenehmes ersparen: die Auseinandersetzung mit ihr und das damit verbundene Risiko, sie zu
verlieren, wenn sie unzufrieden wird und er es ihr nicht
recht machen kann. So eigenartig es auch klingt, am
wirksamsten wäre die Hilfe für Dunja gewesen, wenn er
ihr gesagt hätte, dass ihm ihr Kaufrausch nicht gefällt.
Ob sie es dann ändern kann oder nicht, bleibt ihre Sache.
Damit hätte er aber die Kontrolle über ihr Verhalten wieder an sie zurückgegeben und an dieser Stelle keinen
Einfluss mehr auf sie. Dann hätte sie allein die Verantwortung übernommen – und er müsste eine andere Be-
gegnungsebene finden.

Seine Art zu helfen, mit Geld einzuspringen, war im
eigentlichen Sinn »egoistisch«, weil er sich selbst auf
diese Weise vor einer Beziehung schützte, in der beide
immer wieder frei entscheiden können, ob sie beieinan-
der bleiben wollen. Hinter dem Helfen kann also die
unbewusste Rechnung stecken: »Wenn ich dir helfe,
kannst du mich nicht verlassen.«

*Dorothee und Matthias standen früher beide kräftig im
Leben, beide aktiv und kompetent. Nun klagen sie darüber, dass Dorothee immer passiver und trauriger wird.
Matthias umsorgt sie, versucht sie aufzuheitern und
nimmt ihr viel Arbeit und viele Wege ab. Er wird dabei
immer aktiver und sie immer depressiver. Ein Ende dieses Zusammenspiels ist nicht in Sicht. Was war zwischen ihnen unerkannt abgelaufen?*

Als Matthias in bester Absicht die scheinbar inkom-
petenten Seiten seiner Frau pflegte, bekam er ihr gegenüber immer mehr Überlegenheit, nicht zuletzt, weil er
seine eigenen traurigen und passiven Seiten nicht bei

sich selbst wahrnahm, sondern an ihr gleich mit behandelte. Für Matthias wäre es gar nicht so leicht zuzugeben, dass auch er sich manchmal traurig und mutlos fühlte. Denn damit verlöre er einen Teil seiner Überlegenheit, die er sich in Wahrheit nur geborgt hatte.

Als er aufhörte, Dorothees schwachen Seiten so viel Aufmerksamkeit und Pflege zu schenken, und als er anfing, sich wieder seine eigenen Sorgen um sich selbst zu machen, blühte Dorothee auf, weil sie dadurch gezwungen war, wieder selbst für sich zu sorgen. Bei vielen Paaren kann man diese Aufteilung beobachten: Der eine Partner wird immer kräftiger, kompetenter und vitaler, während der Andere den Gegenpol besetzt und immer mehr verblasst.

Im Heilungsvorgang kann es schon vorkommen, dass der vermeintlich lebendigere Partner seine eigene Traurigkeit wieder entdeckt und ertragen lernt. Das kann sich vorübergehend schon einmal wie ein depressives Tal auswirken, an dessen Ende aber auch eine Vertiefung und Abrundung der eigenen Person steht. Wenn man nicht oberflächlich bleiben will, kann man neben der Stärke und Lebendigkeit auf die traurigen schweren Seiten bei sich selbst nicht verzichten.

Harald war in der letzten Zeit immer mehr dem Alkohol verfallen. Für Inge war das sehr schlimm. Sie beobachtete ihn, wie er sprach und ob er schwankte, und in den letzten Wochen hatte sie angefangen, seine Flaschen zu suchen und ihm vorzurechnen, wie viel er getrunken hatte.

So absurd es auch klingt, Inge war mit ihrem Verhalten an Haralds zunehmender Alkoholsucht beteiligt: Jedes

Gramm Sorge und jede Kontrolle, die sie übernahm, konnte er an sie abgeben. So konnte er unbekümmert trinken, denn sie hatte ja das strenge Aufpassen übernommen.

Immer wieder stoßen wir also auf dieses Thema: Auch Inge hatte sich in bester Absicht und aus Angst mehr um Harald gesorgt und »gekümmert«, als für ihn gut war. Harald konnte dadurch der Auseinandersetzung mit den inneren Hintergründen (unter anderem einer viel zu großen Strenge sich selbst gegenüber), die zu seiner Suchterkrankung geführt hatten, aus dem Weg gehen.

Wie hätte Inge ihrem Partner und sich selbst helfen können? Ein innerlich freier und erwachsener Partner lässt den alkoholkranken Partner wissen: »Ich sehe, dass es dir nicht gut geht. Ich kann dir nicht helfen, denn du bist für diese Krankheit selbst zuständig. Aber attraktiv finde ich dich nicht, wenn du so viel trinkst.«

Natürlich darf und soll ich mich um meine Mitmenschen sorgen. Ich sollte aber unterscheiden lernen, ob ich – in bester Absicht – womöglich für den Anderen etwas übernehme, das dieser eigentlich selbst tun kann und auch sollte. Sobald er es aber selbst kann, beraube ich ihn der eigenen Aktivität und Vitalität, wenn ich es ihm »abnehme« oder Verantwortung »übernehme«. Allein die Doppeldeutigkeit der Wörter sagt schon alles aus. Sie enthält die feindliche Kehrseite dieser angeblich hilfreichen Bemühungen. Wenn wir diesen Übereifer, auch »Helfer-Syndrom« genannt, zuspitzen wollen, dann ist diese Art von Helfen im Kern das Gegenteil, nämlich egoistisch.

*Gerda war sehr erstaunt, als sie bei einer »Familien-
konferenz«, bei der sie sich gegenseitig einige Kritikpunkte sagen wollten, von ihrem Mann und ihren erwachsenen Kindern erfuhr, wie lästig ihr schnelles
Eingreifen und Helfen bei allen möglichen Gelegenhei-
ten erlebt wurde. Es fielen Worte wie »erdrückend« und
»beengend«. Gerda fühlte sich tatsächlich dauernd
überlastet und ausgelaugt, weil sie sich verpflichtet
fühlte, jedem sofort zu helfen. Deshalb war es für sie
zwar unangenehm, aber wichtig, dieses Urteil zu hören.*

Eine strenge innere Stimme verbot ihr, sich um sich
selbst zu kümmern. So hatte sie diesen Ausweg gefunden, Anderen das zu geben, was sie sich selbst so sehr
gewünscht hätte, aber nicht geben durfte. Anstatt bei
sich zu bleiben, sich um die eigenen Belange und Sorgen zu kümmern, hält man dies oft fälschlich für Egoismus und sucht sich einen anderen Menschen, um den
man sich »kümmert«. Wenn jeder, der es eigentlich
kann, für sich selbst sorgen würde, dann wären alle versorgt.

Kleine Episode um Viagra

Ute und Kai, sie 47, er 49 Jahre alt, sind seit 20 Jahren glücklich verheiratet. Sie haben Kinder, sind berufstätig und führen ein erfülltes Leben – bis auf eine Sache: Kai erreichte im sexuellen Zusammensein mit Ute noch nie seine volle erektile Potenz. Ihm machte das nicht viel aus. Er liebte seine Frau so wie er war. Aber sie war über diesen Punkt nicht ganz glücklich und brachte dies auch immer wieder zum Ausdruck.

So kam dem Paar Viagra scheinbar gerade recht. Er fand das Medikament höchst hilfreich und freute sich, seine Frau endlich zufriedenstellen zu können. Sie aber verstand plötzlich die Welt nicht mehr! Obwohl nun eingetreten war, was sie sich über so viele Jahre bewusst sehnlichst gewünscht hatte, regte sich eine leise Abneigung in ihr gegen ihren Mann, wenn er so potent auf sie zukam.

So suchten beide schließlich eine Eheberatung auf und waren erstaunt, was sich dort an unbewusster Dynamik vor ihnen auftat.

Ursprünglich ist Viagra für Menschen erfunden worden, die die eigene Potenz nicht stark genug mit ihrem Partner erleben können – aus körperlichen oder seelischen Gründen. Hier also springt Viagra als Stütze ein.

Bei manchen Paaren kann Viagra Fesseln sprengen, Fesseln der Schüchternheit, der Schuldgefühle oder der Scham. Und manche Paare können dieses Neuland, das durch den Viagra-Sprung erobert wurde, auch ohne das Medikament besetzt halten und ihre Sexualität weiter erkunden. Manchmal können sie sogar ein positives Feedback durch die neuen Erfahrungen eines gesteigerten Empfindens erleben und ihre volle Potenz erreichen oder sie wieder erlangen.

Nicht immer ist es aber günstig, sich Entwicklungsschritte, die man selbst gehen müsste, von Viagra abnehmen zu lassen.

Die nicht vollständig zustandegekommene Erektion bei Kai seit Beginn ihrer Beziehung war eine ihm nicht bewusste Rücksichtnahme auf seine Frau Ute. Er hatte sich all die Jahre als Mann nicht restlos ausgelebt, aus einer tieferen Angst, ihr sonst zu viel zuzumuten. Was nun fast wie eine jahrelange unbewusste Liebeserklärung des Mannes an seine Frau aussah, entpuppte sich aber auch als Schutz vor der Angst, sie zu verlieren, wenn er seiner sexuellen Vitalität freien Lauf gelassen hätte. Die Beziehung bewegte sich also viele Jahre lang auf zwei Ebenen: Auf der bewussten hieß es: »Es wäre besser, wenn Kai potenter wäre«, auf der unbewussten aber lauerte: »Wir trauen uns aber nicht mehr zu als diese halbstarke Blümchen-Sexualität.« Den psychischen Reifungsschritt in Richtung einer spannungsreichen sexuellen Begegnung, in der sich beide als Frau und Mann begehren und das Gegenüber, das sie begehren, dann auch aushalten können, wollten sie sich durch Viagra abnehmen lassen. Es misslang, weil Ute sich tatsächlich seiner von Viagra unterstützten Männlichkeit im Grunde noch nicht gewachsen fühlte. Das zeigte sich an ihrer steigenden Abneigung, die sie nun plötzlich gegenüber ihrem Mann empfand.

Ute wollte es aber genauer wissen. Sie durchlief mit Kai in einer Paartherapie einen längeren Prozess, in dem sie selbst ihre Ängste unter die Lupe nahm: Sie hatte ihre negativen Gefühle gegenüber ihrem Mann zu stark gefürchtet und sie unter einer Hülle von Harmonie und Freundlichkeit versteckt. In ihrer Beziehung ließ sie kaum Differenzen zu. Um des lieben Friedens willen hatte sich Kai darauf eingestellt und sich selbst um diesen Betrag, den sie nicht vertrug, »verkleinert«. Auch er hatte viel mit sich zu tun. Er musste sich eingestehen, dass er eine Heidenangst davor hatte, Ute seine wahren Gefühle zu zeigen; lieber verzichtete er auf große Teile seines Begehrens. Beide konnten dieses Begehren erstmals ganz zulassen, als in ihrem Erleben und dann auch in ihrer Beziehung negative Gefühle wie Ärger, Ohnmacht und Wut wieder Raum bekamen. Denn damit kehrte auch beider Mut und Temperament wieder zurück.

Mit oder ohne Viagra, das war nicht mehr so wichtig. Ute konnte endlich den Spruch der Dichterin Paula Zeemann nachvollziehen: Ein großes Kompliment für eine Frau ist eine kräftige Erektion.

Altersunterschied

Mehrfach hat Denis nun schon erlebt, dass er mit seinen 45 Jahren sich immer wieder in Frauen verliebt hat, die wesentlich jünger waren als er. Der Ablauf dieser Liebesgeschichten war immer ähnlich: Nach einer schönen Zeit intensiven Liebesglücks gab es nach ein bis fünf Jahren regelmäßig Zank und Streit. Die wachsende Abneigung auf beiden Seiten führte schließlich stets zur Trennung.

Denis wollte diesen immer gleichen Ablauf nun nicht mehr fortsetzen und suchte nach einer Lösung des Rätsels, besonders weil ihn die letzte Trennung von seiner langjährigen geliebten Freundin Marion sehr mitgenommen hatte.

Was Denis erlebt hat, ist eigentlich nur die Zuspitzung eines allgemein zu beobachtenden Phänomens. Bis vor kurzem war es durchaus üblich und ist es oft heute noch, dass der Mann einige Jahre älter ist als die Frau, dass er körperlich größer ist, meist auch in einer besseren beruflichen Position und daher der Versorger. Manche Frauen empfinden es anfangs als angenehm und sicherer, sich versorgen zu lassen, anstatt sich um ihr eigenes Fortkommen zu kümmern. Wie bei Denis' Partnerinnen regt sich aber nach einiger Zeit der Bewunderung des älteren, erfahreneren Mannes der eigene Entwicklungsimpuls der Frauen. Jetzt kommt es zur Krise. Die Frauen werden rebellisch, weil sie den Partner als zu bevormundend erleben. Solche Krisen werden oft nicht als Wachstumschancen genutzt, sondern führen in vielen Fällen zu Trennungen.

Zurück zu Denis. Er war mit seinen 45 Jahren als Mann immer noch nicht mutig genug, sich eine starke

Frau zu wählen, und schützte sich durch Strategien des Ausweichens vor einer wirklich prickelnden Mann-Frau-Beziehung – seinem Fall durch einen großen Altersunterschied. In dieser Konstellation kann automatisch eine Hierarchie entstehen, wie zum Beispiel im Musical »My fair Lady«, wenn Professor Henry Higgins auf Eliza Doolittle als wesentlich Älterer und Erfahrenerer belehrend und erzieherisch wirkt. Eliza Doolittle nimmt anfangs gern alles von ihm an, doch nachdem sie selbstständig und innerlich unabhängig geworden ist, steigt sie aus diesem Modell der Vater-Tochter-Beziehung aus. Professor Higgins will dieses Prachtweib, das sie durch ihre Verselbstständigung geworden ist, nicht verlieren und lässt sie als gleichwertige Person neben sich zu.

Anders als Professor Higgins konnte sich Denis bisher nicht auf eine gleichwertige Partnerschaft umstellen, und so wurde er immer wieder auf die gleiche Weise verlassen.

Wie Higgins machten auch ihn anfangs die größere Erfahrung, seine Versorgungsangebote, sein Wissen und sogar seine Dominanz für die jungen Frauen interessant und attraktiv.

Sie boten sich ihm zunächst als unerfahren an, als wollten sie geführt, belehrt, geschützt und versorgt werden. Sie fürchteten noch die Anstrengung, hundertprozentig für sich selbst zuständig zu sein.

Das war anfangs für beide Seiten reizvoll. Sobald Haralds Partnerinnen aber selbstständiger, erfahrener und in jeder Hinsicht reifer wurden, regten sich bei ihnen natürlicherweise Widerspruch und das Bedürfnis, sich mit ihm auseinanderzusetzen, ihm auf einer anderen Ebene zu begegnen. Sie waren stärker geworden und suchten ihn nun nicht mehr in der Vaterrolle, sondern als Partner, der sie als gleichberechtigt ertrug und ernst nahm. Denis' Belehrungen erreichten bei ihnen nun gerade das Gegenteil, denn sie wollten nun lieber auf Augenhöhe mit ihm reden. Denis hatte jedes Mal das Gefühl, bei ihnen plötzlich wie vor eine Wand zu laufen. Sein altes Beziehungsmuster lief ins Leere, aber er verfolgte es weiterhin hartnäckig und wunderte sich, warum die Frauen für ihn immer unbequemer wurden. Sie reagierten schon allergisch auf ihn, wenn er nur den Mund auftat. So kam es zwangsläufig zum Streit, der mehr und mehr eskalierte und, wie zuletzt mit Marion, mit einer schmerzhaften Trennung endete.

Anstatt die Krise als Signal zu erleben, das ihm etwas Wichtiges zu sagen hat, versucht Denis jedes Mal, die Krise und die Frau gleich mit zu unterdrücken und die Beziehung fortzusetzen, als wäre nichts geschehen. Aber die nun folgenden vielen kleinen Auseinandersetzungen ballen sich zusammen, bis die Beziehung unter der angesammelten Last zusammenbricht.

Denis kann sein fatales und sich ewig wiederholendes Beziehungsmuster auflösen, indem er lernt zu akzeptieren, dass eine Liebesbeziehung zwischen zwei Menschen Stärke, Eigenständigkeit, Mut zur Verschiedenheit und ein sicheres Gefühl in der eigenen Geschlechtsidentität braucht. Denis müsste außerdem die Wünsche nach Gebundensein und Eigenständigkeit unter einen Hut bekommen und aushalten, dass seine Partnerin ein von ihm unabhängiges Eigenleben führt.

Eltern und Kinder

Gewalt durch Verwöhnung und Vernachlässigung

Der zwölfjährige Paul wird immer schwieriger. Er gibt schnell auf, wenn es anstrengend wird, ist permanent unzufrieden, wird rasch wütend und schlägt in der Schule bei den kleinsten Konflikten sofort zu.

Dabei scheint er auf den ersten Blick nicht aus einem problematischen Elternhaus zu stammen. Im Gegenteil, zu Hause wirkt alles perfekt und harmonisch. Umso erstaunlicher ist Pauls extreme Aggressivität.

Pauls Eltern erleichtern in bester Absicht ihrem Sprössling das Leben, wo immer sie nur können. Ihr oberstes Ziel für sein Leben ist: Er soll »glücklich sein« und »Spaß haben«.

Diese Einstellung zum Kind ist wie ein uneinlösbares Versprechen für ein leichtes Leben, das nie beschwerlich werden darf. Und dann wundern sich die Eltern, wenn diese Kinder entmutigt oder, wie Paul, wütend werden, sobald irgendetwas keinen Spaß macht oder gar anstrengend wird.

Wenn Eltern ihre Rolle als »Lebenserleichterer« verstehen, können sie ihren Kindern nicht gleichzeitig zur Seite stehen, wenn diese lernen müssten, mit Enttäuschungen und Versagen umzugehen.

Wird es schließlich doch schwierig, dann haben sie ihren Kindern nicht geholfen, das Werkzeug zur Meisterung von Aufgaben und Anforderungen zu erwerben, und es stellen sich bei den Kindern schnell Gefühle der Hilflosigkeit und Ohnmacht ein. Hilflosigkeit auszuhalten und zu bewältigen gehört zu den schwersten Aufgaben im menschlichen Leben. Hat man dafür keine Kompetenz erworben, muss man versuchen, diese Emotionen sofort loszuwerden. Die wirksamste Methode ist in diesem Fall, Ohnmacht in Gewalt zu kippen. Man fühlt sich dann wieder stark, besiegt einen Anderen und braucht diese starken Affekte selbst nicht zu meistern.

»Was haben wir nur falsch gemacht?«, fragen sich Pauls Eltern. »Wir haben dem Kind doch jeden Wunsch von den Augen abgelesen und wollten, dass es ihm immer gut geht.«

Nun sind sie schockiert zu erfahren, dass gerade diese gut gemeinte Haltung zum Gegenteil geführt hat. Paul wird auch zu Hause sofort aggressiv, wenn irgendetwas nicht nach seinem Willen geschieht. Unangenehmes auszuhalten ist seine Sache nicht. Diesen Vorgang beobachtet man auch in den Schulzimmern: Paul ist erst zwölf Jahre alt und gehört in der Schule schon zu einer Gruppe gewalttätiger Jungen, die andere nicht nur einschüchtern, sondern auch verprügeln, treten und quälen. Wenn man sie nach dem Grund fragt, dann waren es oft nur Kleinigkeiten, die sie an ihren Opfern störten oder verunsicherten.

Aber nicht nur verwöhnte, sondern auch zu stark vernachlässigte Kinder können sich nicht vorstellen, dass man Entbehrungen und Kummer aushalten kann, denn davon gab es in ihrem Leben immer zuviel, ohne dass ihnen die Eltern zeigen konnten, wie man mit schwierigen Situationen umgeht und fertig wird.

Bei kleinen Differenzen in ihren Beziehungen zu Anderen stellt sich auch in ihnen schnell das Gefühl ein, »sich nicht auszukennen«, sie wissen dann nicht, wie sie reagieren sollen, und diese Hilflosigkeit wird auch hier wieder durch Anschreien, Schikanieren und körperliche Gewalt in Überlegenheit verwandelt. So wird vermeintliche Selbstsicherheit hergestellt durch den Sprung aus der gefürchteten Opferrolle in die Rolle des machtvollen Täters. In Wirklichkeit wird diese tiefe Unsicherheit durch die neue Täterrolle nur für kurze Zeit betäubt und kehrt zuverlässig wieder. Denn auf tragfähigere Lösungen und Antworten können stark verwöhnte oder vernachlässigte Kinder nicht zurückgreifen.

Eltern sollten verstehen lernen, dass ihrem Kind nicht damit gedient ist, wenn sie ihm immer wieder bestimmte Anstrengungen abnehmen und Hindernisse aus dem Weg räumen. Als Eltern sorgen sie am besten für ihr Kind, wenn sie ihm dabei helfen, sich Fähigkeiten anzueignen, die ihm auf allen Gebieten des Lebens helfen, sich zurechtzufinden, sei es bei der Arbeit, in der Liebe oder in der Freizeit. Dazu gehört auch das Vermitteln von Anstrengungslust und damit von Mut, etwas Schwieriges selbst anzupacken.

Der Anspruch auf ein leichtes, pausenlos glückliches Leben, sei er entstanden durch Verwöhnung oder durch Verwahrlosung, und der daraus entstandene weitere Anspruch: »Mir steht noch etwas zu, weil ich nicht genug bekommen habe«, ist seelisch unbrauchbar und daher zu bearbeiten. Der allgemeine Anspruch auf geschenktes Wohlbefinden, der in den letzten beiden Generationen immer stärker gestiegen ist, macht unzufrieden und wütend.

Die so genannte Trotzphase oder Wutanfälle zwischen Abhängigkeit und Selbstbehauptung

Katharina ist fassungslos über den Wandel im Verhalten ihrer dreijährigen Tochter Juliet. »Plötzlich schreit sie wegen jeder Kleinigkeit, stampft wütend auf den Boden, wenn ich ihr zum Beispiel die Schuhe zumachen will.«

»Wenn sie etwas zu essen haben will und ich errate nicht gleich, was sie mir sagen will, wird sofort ein lautstarkes Drama daraus.«

»Vor ein paar Tagen wollte sie ihren Puppenwagen samt Puppen die steile Treppe zum Hof hinuntertragen. Die erste Stufe hatte sie schon geschafft. Es sah halsbrecherisch aus und man sah ihr an, wie schwer das für sie war. Wie immer nahm ich ihr den Wagen aus der Hand und stellte ihn unten am Ende der Treppe für sie ab. Mit Wutgebrüll rannte Juliet hinter mir her, schnappte sich den Wagen und zog ihn die ganze Treppe wieder hoch, um ihn dann Stufe für Stufe allein wieder abwärts zu bugsieren. Erst dann war sie zufrieden.«

Zwischen zwei und vier Jahren hat ein Kind viele Entwicklungsaufgaben zu bewältigen, die allesamt mit wütendem Geschrei verbunden sein können.

Man nennt das Trotz und versteht darunter die neuerworbene Fähigkeit, »Nein« zu sagen. Diese Fähigkeit wird in zähen Kämpfen verteidigt, gefestigt und anschließend langsam in eine verträgliche Form gebracht.

Da kann es schon mal vorkommen, dass man dem Kind sein Lieblings-Eis anbietet und es dieses wütend ablehnt, weil das Nein-Sagen wichtiger ist. Auch beim Aus-dem-Haus-Gehen dreht sich der eigentliche Kampf nicht um »Schuhe an« oder »Schuhe aus«, sondern um das Ringen um Selbstständigkeit. Es ist eine missliche Lage für Juliet: Sie will alles allein machen und muss sich nun doch noch die Schuhe zubinden lassen. Sie will die Mutter wegstoßen und bekommt doch Angst, sie zu verlieren, weil sie die Mama ja noch dringend braucht. Sie schreit »böse Mama« und schlägt auch nach ihr, um im nächsten Moment wieder zu ihr hin zu laufen und mit ihr zu schmusen.

Das Kind hat den Wunsch, selbstständig zu sein, und gleichzeitig Angst davor; es hat Angst davor, abhängig zu sein, und wünscht es sich gleichzeitig so sehr.

So eigenartig es auch klingt: Wenn das Kind in dieser Zeit seine Eltern gleichzeitig lieben und hassen darf, festigt sich sein Vertrauen in diese Beziehungen. Überhaupt können jetzt Eltern und Kind erfahren: Liebe wird erst dann verlässlich, wenn sie auch das Nein, den Ärger und die Wut verträgt.

Den Eltern wird es nicht gelingen, immer ruhig und fest da zu sein. Wichtig ist aber, dass sie sich selbst nicht zu stark verurteilen, wenn auch sie einmal sehr wütend werden. Für die Kleinen ist es wichtig zu erkennen, dass die Eltern nicht gleich kaputt gehen, wenn man gegen sie protestiert und rebellisch den kleinen eigenen Willen erprobt, und dass sie selbst es auch aushalten, wenn die Eltern einmal wütend werden.

Die Eltern stehen hier in vielen kleinen Situationen vor der Wahl: Geht es ihnen jetzt um die Sache, zum Beispiel den Mantel, oder um das langfristigere Ziel der Entwicklung des Willens und der Liebesfähigkeit ihres Kindes? Sie hätten nämlich jetzt die Möglichkeit, dem Kind bei seiner Charakterbildung zu helfen, indem sie seinem »Nein« zum Beispiel ihren Wunsch: »Bitte zieh' den Mantel an, wir wollen auf den Spielplatz gehen« entgegensetzen. Dies kann dann gelingen, wenn die Eltern jetzt nicht darauf angewiesen sind, ihren Willen unter allen Umständen durchzusetzen. Das ist dann der Fall, wenn sie sicher in sich selbst ruhen und in diesem Moment auch die Zeit haben, mit dem Kind zu verhandeln. Dann können sie die Spannung zwischen ihrem »Nein« und dem »Nein« des Sprösslings aushalten. In diesem »Zwischen« bildet und kräftigt sich sein gesundes, aber auch schwer erworbenes »Nein« als Ausdruck seiner Widerstandsfähigkeit und seiner eigenen Position.

Mit einer einzigen Auseinandersetzung dieser Art ist es natürlich nicht getan; viele kleine und große Konflikte wollen durchgestanden sein – eine anstrengende Zeit für Eltern und Kinder. Wird diese »Trotzphase« einigermaßen gut bewältigt, lernen die Kinder in dieser Zeit außerdem, wie Konflikte aufkommen und auch wieder entschärft werden können. Diese Fähigkeit, Konflikte zu modulieren, erwerben Kinder im Umgang mit wichtigen Beziehungspersonen und nicht von allein.

Das eigene Leid

Roswitha war am Ende ihrer Kräfte. Verhärmt und abgehetzt klagte sie über vielerlei Sorgen, die sie sich über ihre Kinder machte.

Die zwölfjährige Tochter Maria war in der Schule so abgesackt, dass sie nur mit Mühe die Versetzung schaffte. Roswitha hatte deshalb viele schlaflose Nächte. Maria war trotz schlechter Noten relativ unbekümmert. Die Sorgen überließ sie ja ihrer Mutter.

Ihre nächste Sorgenquelle war ihr fünfjähriger Sohn David. Er prügelte sich über Gebühr im Kindergarten. Sie war verzweifelt und schimpfte mit ihm. Aber das hatte er immer schnell vergessen und schikanierte die anderen Kinder weiter. Roswitha litt zusätzlich darunter, dass die anderen Kinder nicht mehr mit ihm spielen wollten und die Eltern sich immer wieder beschwerten. David beobachtete seine Mutter genau. Besonders wenn sie wieder wegen einer seiner Missetaten weinte. Manchmal versprach er, es nicht wieder zu tun, aber ändern konnte er sein Verhalten nicht, denn nicht er, sondern seine Mutter litt unter den Folgen seines Tuns.

Mit dem 16-jährigen Sohn Dustin durchlitt sie jeden Liebeskummer fast mehr als dieser selbst. Sie konnte ihn nicht leiden sehen und versuchte ihn durch Unternehmungen von seiner Traurigkeit abzulenken. So ging es ihm schnell wieder gut, während sie noch unter seinen misslungenen Beziehungen litt.

Roswitha versuchte, den Menschen um sie herum in bester Absicht ihre Last abzunehmen. Aber der Bibelspruch: »Einer trage des anderen Last« hat durchaus seine Tücken. Er meint sicher nicht: Einer nehme dem anderen seine Last weg. Das klingt nach Diebstahl. Wer einem Anderen eine Last abnimmt, die dieser selbst tragen könnte, nimmt ihm neben der Last auch die Erfahrungen im Umgang mit etwas Schwierigem weg.

Roswitha hatte schnell verstanden, dass genau die Sorgen, die sie sich um das Verhalten ihrer Kinder machte, sich diese nicht selbst zu machen brauchten. So konnten die Kinder in der Schule bummeln, im Kindergarten hauen und in der Liebe achtlos sein, denn die Folgen durchlitt die Mutter. Maria war zunächst irritiert, als die Mutter ihr Verhalten änderte und zu ihr sagte: »Schlimm für dich, die schlechte Mathe-Note!«, anstatt wie sonst unter Tränen: »Wie konntest du mir das antun!« Sie stellte sich allmählich auf eigene Verantwortung um, weil die Mutter immer wieder so reagierte.

Zu David sagte sie immer wieder kurz und bündig: »Ach, du weißt noch nicht, dass die anderen Kinder dich dann nicht mögen, wenn du ihnen weh tust.«

Mit Dustin hatte sie zwar Mitleid, wenn er wieder unglücklich war. Aber sie ließ ihn wissen: »Mir fällt auf, dass du dir Freundinnen suchst, die nicht zu dir passen – und zu denen du auch nicht passt. Das tut immer wieder weh.« So wurde er selbst zuständig für seinen Liebeskummer.

Auch viele Eltern können nicht wirklich glauben, dass das eigene Leid wirklich zum eigenen Leben gehört. So wie sie sich selbst insgeheim wünschen, ein anderer möge ihnen ihr Leid abnehmen, fühlen sie sich verpflichtet und berechtigt, dies auch für ihre Kinder zu tun. Sie schauen nicht mehr hin, wie viel Hilfe ihr Kind wirklich braucht und was es selbst durchstehen muss, um wichtige Lebenserfahrungen zu sammeln.

Woher wissen sie denn, wenn sich ihr Kind gegen einen ungerechten Lehrer behaupten und manche ungerechte Behandlung innerlich verarbeiten muss, dass es die dabei erworbenen Erfahrungen nicht später dringend braucht? Es kann doch sein, dass später ein genauso schwieriger Mensch seinen Lebensweg kreuzt und es dann schon weiß, wie man sich wehrt und was man auch einmal aushalten könnte.

Das erste Kind bekommt ein Geschwister

Lorenz, drei Jahre alt, war völlig verändert. Er war weinerlich, kaum noch zu bändigen. Und gestern hatte er Jil, seiner gerade zwei Monate alten Schwester, ein Kissen auf den Kopf gelegt. Die Eltern Susanne und Karl verstanden ihren Erstgeborenen nicht: »Wir waren doch immer für ihn da. Er hat unsere ungeteilte, vollständige Aufmerksamkeit bekommen. Und nun das.«

Für junge Eltern ist es oft schwierig, dem ersten Kind bei seiner Ankunft den angemessenen Platz in der Familie einzuräumen, der ihm zusteht. Natürlich wäre es, wenn jeder ein Drittel des emotionalen Raums bekommt, oft aber nimmt und bekommt das erste Kind den ganzen Platz. Dass dies für alle Beteiligten schädlich ist, besonders aber für das erste Kind, zeigt sich dann, wenn ein weiteres Kind zur Welt kommt. Denn dann muss das erste Kind zwangsläufig auf einen kleineren Anteil zurückfallen. Hat es aber zuvor den ganzen Raum eingenommen und nicht nur ein Drittel des Platzes, dann schrumpft sein Raum plötzlich vom Ganzen auf ein kümmerliches Viertel zusammen. Hätte das erste Kind von Anfang an nur ein Drittel des Platzes erhalten, wäre der Raumverlust von einem Drittel auf ein Viertel auszuhalten und ein gesunder Anreiz, die eigene Größe im Verhältnis zu den Anderen realistisch einzuschätzen.

Wenn sich das aber nicht so verhält, sind Enttäuschung und Verletzung durch die plötzliche Einschränkung der Aufmerksamkeit der Eltern so stark, dass das erste Kind dramatische Szenen ersinnen muss, um die ungeteilte Aufmerksamkeit der Eltern zu erzwingen.

Patchwork: Wie man sich in neuen Familien zurechtfindet

»Ich kann es nicht glauben, wie aus einem solchen Glücksfall eine derart nervenaufreibende Lage werden kann«, sagte Annette während einer Paartherapie. Sie und Philipp hatten sich ineinander verliebt und Philipp war nach einigen Wochen in Annettes Wohnung gezogen. Beide hatten gerade eine Scheidung hinter sich und waren froh, wieder einen Menschen gefunden zu haben, dem sie vertrauen konnten.

Dass beide jeweils zwei Kinder mitbrachten, störte sie nicht. Im Gegenteil, sie freuten sich auf die Herausforderung ihrer neuen Patchwork-Familie – in Österreich auch Fleckerlteppich-Familie genannt.

Auseinandergerissene Familien suchen ihr neues Glück und Heilung für alte Wunden in diesen »Stieffamilien«. Heute ist es etwa jede achte Familie. Und vielen geht es tatsächlich besser als in den Beziehungsdramen der Ursprungsfamilien.

Zurück zu unserem Paar: Philipps Kinder (Anja, 14 Jahre; Mathias, 8 Jahre) leben bei der leiblichen Mutter, besuchen aber die neue Familie oft. Annettes Kinder (Sven, 8 Jahre; Maria, 5 Jahre) leben bei ihr und Philipp. Bevor sie zusammenzogen, hatten sich alle bei gemeinsamen Unternehmungen gut verstanden.

Daher war die Enttäuschung groß, als sich viele kleine Konflikte aufbauten, als sie zusammen wohnten, zum Beispiel Eifersüchteleien: Wenn Anja und Mathias zu Besuch kamen, beanspruchten sie den Vater ganz für sich. Sie wollten nur neben ihm sitzen. Annette musste ihren Platz frei machen.

Besonders die 14-jährige Anja triumphierte, als sie sich den Platz an Vaters Seite gegen die neue Frau erkämpft hatte. Annette war zwar wütend, entschuldigte das Verhalten der jungen Dame aber vor sich selbst mit: »Sie hat ihn ja so selten! Das arme Kind!«

Jedenfalls traute sie sich nicht, sich dagegen zu wehren. Philipp wollte es sich in der kurzen Zeit, die er mit seinen Kindern verbrachte, auch nicht mit ihnen verderben und sagte ebenfalls nichts.

Vor lauter schlechtem Gewissen begriff er nicht, was seine Tochter wirklich brauchte. Denn unbewusst versuchte Anja immer wieder, zwischen ihn und seine neue Frau zu kommen. Für Anja mit ihren 14 Jahren ist aber es eine notwendige Herausforderung und zugleich Beruhigung, wenn sie die Paarbeziehung ihres Vaters mit der neuen Frau nicht auseinanderbringen kann. Die pubertierende Anja ist in der Ablösungsphase von den Eltern und brauchte in Annette keine neue Mutter, sondern eine Frau, gegen die sie sich zu behaupten lernen konnte. Das war nicht leicht für Annette, aber sie lernte schließlich doch, ihren Platz neben ihrem Partner einzunehmen und zu verteidigen.

Gerade in Patchwork-Familien ist die Klärung der

Rollen wichtig, sonst regieren Schuldgefühle die Beziehungen zum Schaden der Kinder. Denn wenn Eltern glauben, etwas von früher wieder gutmachen zu müssen, räumen sie den Kindern zu viel Platz an der falschen Stelle ein, wodurch diese aber nicht glücklicher, sondern anspruchsvoll und unzufrieden werden. Annette hatte Anjas Verhalten als kindliche Bedürftigkeit gedeutet. Dabei hätte sie nur auf ihr eigenes Gefühl und das Alter des Mädchens zu achten brauchen, um festzustellen, dass es in Wirklichkeit um weibliche Rivalität zwischen ihr und Anja ging.

Als die neuen Eltern wieder mit sich selbst im Reinen waren und ihre Positionen besetzen konnten, fanden sich die Kinder viel schneller in der neuen Patchworkfamilie zurecht.

Patchworkfamilie – Konfliktherd Söhne und neue Väter

Patrick ist 14 Jahre alt und lebt in einer Patchworkfamilie. Seine Mutter Stefanie ist mit ihm zu ihrem neuen Freund Peter gezogen, den Patrick zunächst zu akzeptieren schien. Jedenfalls hielten sich die Auseinandersetzungen zwischen den beiden in Grenzen. Seit ein paar Monaten fühlt Peter sich aufgerufen, etwas strenger zu werden. Patrick ist gerade in eine problematische Phase abgerutscht. Zur Zeit geht er kaum zur Schule, ist frech und aufmüpfig. Kurzum, er läuft aus dem Ruder. Peter versucht nun, sich dem Jungen als männlicher Gesprächspartner mit Vorsicht zu nähern und ihm trotzdem mit einer gewissen Bestimmtheit Grenzen aufzuzeigen.

Stefanie beäugt diese Begegnungen sehr argwöhnisch

und befürchtet, Peter könnte den Jungen zu hart anfassen. Stefanie ist hin- und hergerissen. Manchmal gibt sie dem einen, dann wieder dem anderen Recht. Darunter leidet auch ihre Liebesbeziehung zu Peter. Patrick scheint das nicht zu stören, im Gegenteil. Er hat natürlich längst herausgefunden, dass er Peters väterlicher Strenge entkommen kann, indem er die Mutter sofort zu Hilfe ruft, wenn Peter irgendetwas fordert oder gar verbietet.

Diese Reaktion des Jungen ist ganz typisch, aber ungünstig für seine Entwicklung, weil er damit einübt, bei jeder Härte und Anstrengung nach dem leichtesten Ausweg zu suchen. Diese fatale Haltung zeigt sich bei dem Jungen ohnehin alltäglich in vielen Kleinigkeiten, im Umgang mit den Hausaufgabenpflichten oder gar beim Taschengeld. Statt Letzteres einzuteilen und zu lernen, damit auszukommen, fängt Patrick in letzter Zeit an zu stehlen – auch das ein zunächst scheinbar leichter Weg, den Mangel auszugleichen.

Auch wenn die neuen Väter sich Zeit lassen und sich anfangs nicht in die Erziehung der Mütter einmischen, wird es irgendwann nötig, dass auch sie Stellung beziehen. Es ist viel wert, wenn sie sich nicht darum drücken, Verantwortung zu übernehmen, Grenzen zu setzen und Konflikte durchzustehen.

Für neue »Väter« ist es meist sehr schwer, an die Söhne der Partnerin heranzukommen, weil die leiblichen Mütter sich dazwischenstellen. Der Vorwurf an den nicht leiblichen Vater lautet meistens, dass er zu streng sei. Für die Frau ist die Situation auch deshalb schwierig, weil sie oft große Schuldgefühle gegenüber dem Jungen hat. Schließlich hat sie ihm einen neuen Vater zugemutet.

Die Dynamik in solchen Patchworkfamilien mit pubertierenden Stiefkindern ist nicht zu unterschätzen, weil hier auf Grund von Rivalität und Konkurrenz ein beträchtliches Gewaltpotential bereit liegt, das plötzlich hervorbrechen kann. Für die Jungen kommt die energische Intervention des neuen Partners manchmal gerade noch rechtzeitig, um zu verhindern, dass die von den Eltern zuvor versäumten Grenzsetzungen nun durch die Polizei übernommen werden. Junge Straftäter lassen sich oft erwischen, weil sie Grenzen suchen! Deshalb ist es eben entgegen landläufiger Meinung Gold wert, wenn neue Väter sich nicht heraushalten aus der Erziehung.

Besonders typisch ist, dass sich Stiefsöhne und Stiefväter oft gut verstehen, wenn sie miteinander allein sind, zum Beispiel beim Fußballspielen. Doch kaum ist die Mutter wieder in der Nähe, kommt es sofort zu starken Aggressionen zwischen Stiefsohn und Stiefvater, die vorher noch friedlich zusammen auf dem Sportplatz waren. Leicht kann die Rivalität um die Aufmerksamkeit der Mutter eskalieren und in Gewalt münden. Was viele Eltern nicht wissen: In dieser Phase der Pubertät wird noch einmal die Standhaftigkeit in einer Dreierbeziehung erprobt. Der pubertierende Sohn kämpft um die Aufmerksamkeit und Zuneigung der Mutter und möchte dabei den Vater (oder Stiefvater) »ausstechen«. Für seine Entwicklung zum Mann ist es sehr wichtig, dass er Vater und Mutter nicht auseinandertreiben und sich nicht dazwischendrängen kann.

In Patchworkfamilien geht es dabei oft gewalttätiger zu, weil der Rivalitätskonflikt mit dem Stiefvater hier nicht durch Familienbande, jahrelange Gewöhnung, Liebe und Loyalität wie bei einem leiblichen Sohn abgemildert wird. Ein bekannter Kinderanalytiker prägte den Satz für Eltern pubertierender Kinder: »Nicht fliehen, wenn die Mörder kommen« und meinte damit: Standhaft dableiben, wenn die Kinder mit ihrer neu erwachenden unausgegorenen Aggressivität gegen sich selbst und andere Menschen zu kämpfen haben, die sie mit ungeahnter Heftigkeit überfallen. Das ist schon für leibliche Eltern Herausforderung und Aufgabe genug. Wenn aber die Erziehungs- und Begegnungsaufgaben von Stiefvätern und Stiefmüttern wahrgenommen werden müssen, denen ja nicht die jahrelang gewachsene Kinderliebe entgegengebracht wird, ist dieser Umgang mit aggressiven Auseinandersetzungen doppelt schwierig. Für die Stiefväter wäre es wichtig, sich aus eigener Kraft sicher zu fühlen und nicht darauf angewiesen zu sein, vom Stiefsohn geliebt und geachtet zu werden, und darauf, dass der Sohn ihn bestätigt. Keiner wird erwarten, dass die Eltern jetzt immer abgeklärt ruhig bleiben. Sie sollten daher, während sie dableiben, ausharren und sich durchkämpfen durch diese meist unvermutet schwere Aufgabe, keine Skrupel haben, wenn auch sie manches Mal in Hass ausbrechen. Diesen nicht zu verleugnen und trotzdem in Beziehung zu den pubertierenden Kindern zu bleiben ist ihr Beitrag, noch einmal in der Familie Liebe und Hass neu zu sortieren. Dieser Einsatz ist nicht hoch genug zu schätzen.

Die Eltern sind an allem schuld

»Ich finde mich im Leben nicht zurecht, weil meine Eltern mir immer alles abgenommen haben«, sagt Carla in einer psychotherapeutischen Behandlung. Es ist selbstverständlich für sie, dass ihre Eltern heute noch, da sie mit 35 Jahren selbst erwachsen ist und eigene Kinder hat, für ihre Unselbstständigkeit und Unsicherheit verantwortlich zu machen sind. Die Eltern sind bekümmert und schuldbewusst bei den Anklagen der Tochter. »Wir wollten doch nur ihr Bestes!«

In diesem Glauben hatten sie ihrer Tochter immer geholfen, wo sie nur konnten, sogar wenn sie gar nicht darum gebeten hatte. Nun wirft die längst erwachsene Tochter ihnen gerade diese Besorgtheit vor und erklärt damit auch noch ihre eigene Überängstlichkeit gegenüber ihren Kindern, die sie dauernd mit Verwöhnungsangeboten einengt. Die Eltern suchen nach einer Antwort, mit der sie die Tochter – wie immer – zufrieden stellen können. Aber es fällt ihnen keine ein.

Viele Menschen machen noch mit 30 oder 40 Jahren ihre Eltern für bestimmte Mängel und Schwächen der eigenen Person verantwortlich. Die Versorgung der Eltern wird also weiterhin angefordert: „Ihr müsst etwas für uns tun, damit es uns besser geht.« Und die Kinder bleiben davon abhängig, dass die Eltern sich ändern. Sie glauben also, sich nicht aus eigener Kraft verändern zu können. Die Eltern denken leider ähnlich: Sie fühlen sich immer noch zuständig für die Befindlichkeit der Kinder und Kindeskinder. Sie verstehen sich also weiterhin als Versorger und können die Kinder nicht in ihre eigene Entwicklung und Verantwortung entlassen.

Damit verweigern die Eltern aber bei sich selbst einen wichtigen Entwicklungsschritt, nämlich das Loslassen der Kinder, wozu das »Nein« gehört, das »Nein« gegenüber nicht angemessenen Versorgungswünschen und das »Nein« gegenüber der Anschuldigung: Mir geht es heute so schlecht, weil ihr als Eltern früher nicht besser wart.

Lösen die Eltern von ihrer Seite her diese Aufgabe nicht selbst, dann müssen die Kinder für sie mitarbeiten, um sich aus der gegenseitigen Abhängigkeit zu lösen. Kinder retten sich aus diesem Dilemma auf zweierlei Weise. Manche werden besonders rebellisch gegen versorgende und kontrollierende Übergriffe der Eltern, das heißt, sie übernehmen jenes »Nein«, das sich die Eltern ersparen möchten, gleich mit. Auf diese Weise wird die Abgrenzung doppelt so scharf und endet in Beschuldigungen der Kinder gegen die Eltern.

Andere, die nicht so kräftig sind, lassen eher die Flügel hängen. Sie nehmen das Angebot der Eltern: »Du kannst alles von uns haben« bis ins Erwachsenenalter an und weigern sich, für die eigene Entwicklung zu sorgen. Eine geglückte Entwicklung läuft über die Loslösung auf beiden Seiten von früh an und in kleinen Schritten.

Im Alter von etwa zwölf Jahren, also mit Beginn der Pubertät, stellt sich für jeden Menschen die lebenslange Aufgabe, die schwierigen Eigenschaften und Konfliktmuster, die man von den Eltern aus der heimischen Familienkonstellation mitgenommen hat, wahrzunehmen, zu sortieren, zu verändern und zu verbessern. Wenn man das verpasst hat, bleibt man bei der Einstellung: Die Eltern sind an allem schuld.

Was heißt hier überhaupt Schuld? Schuld sein bedeutet doch, dass die Eltern damals die Wahl gehabt hätten und heute haben, alles anders und besser zu machen. Sie hätten also anders gekonnt und haben es dennoch nicht besser gemacht?

Sicher nicht. Innerhalb ihrer Möglichkeiten haben sie das getan, was sie für das jeweils Beste hielten. Die Mutter hielt es vielleicht für richtig, ihrer Tochter Carla alles abzunehmen, weil sie es bei ihrer eigenen Mutter so erlebt hatte. Und Carlas Tochter erlebt nun schon wieder das Gleiche.

Kann man damit alles entschuldigen? Auch in diesem Wort steckt das Wort Schuld. Um die Kategorie »Schuld« geht es aber im Grunde nicht, sondern eher um die Frage, wie man dieses Weitergeben problematischer Lebenseinstellungen und Erziehungshaltungen – hier die Verwöhnung – über Generationen hinweg, unterbrechen kann.

Tatsächlich entstehen viele Schwierigkeiten in der Atmosphäre und in den Beziehungsmustern im Elternhaus unter der Beteiligung aller Familienmitglieder und deren Geschichte. Aber an Stelle der Schuldfrage wäre mit Carla und ihren Eltern jetzt das eigentliche Thema durchzuarbeiten, nämlich, ob man die Eltern heute noch für Schwierigkeiten im eigenen Leben verantwortlich machen kann.

Kindheitswünsche in der Weihnachtszeit

Sylvia und Marc waren einige Tage vor Weihnachten in einer unterschwellig gereizten Stimmung. Mehr als sonst lagen sie innerlich auf der Lauer, ob der Andere auch rücksichtsvoll genug war, und reagierten empfindlicher als sonst, wenn das nicht der Fall war.

Weihnachten ist eigentlich das Fest des Friedens, der Freude, der Liebe und der Erlösung – vom Bösen natürlich. Warum kommt es dann gerade in diesen Tagen bei manchen Menschen zu Spannungen in den Familien, zu Streit und zu Stress, während andere das Fest zufrieden durchleben?

Manche Menschen erwarten vom Anderen gerade jetzt, er möge besonders friedlich und liebevoll sein. Und dieser erwartet es ebenfalls. Der Streit ist vorprogrammiert, denn Erwartungen tragen die Enttäuschung schon in sich wie ein Trojanisches Pferd.

Nun klingt gerade im Christentum dieses Angebot zu Weihnachten an: Der Erlöser kommt und schenkt Frieden und Liebe. Und viele verstehen dieses Angebot so, als müsse man selbst nichts mehr dafür tun.

Wieder andere Menschen versuchen, den vermuteten Erwartungen unbedingt zu entsprechen. Sie stöhnen unter der Last, ihren Lieben eine Freude machen zu wollen. Oder zu müssen? Ist es das Richtige? Ist es genug? Werden sie glücklich darüber sein? Oder wird ein bestimmter Blick ausdrücken: Na, ganz perfekt war das ja nicht!

Oft ohne dass wir es ahnen, werden in dieser Zeit alte unerfüllte Kindheitswünsche wieder wach. Sie sollen jetzt erfüllt und alles Schlechte auf diese Weise gleich mit bereinigt werden.

Inzwischen sind aber aus den Kinderwünschen nach Liebe, Harmonie und nach der Erfüllung unausgesprochener Sehnsüchte handfeste Erwartungen geworden. Da ist dann die Enttäuschung groß, wenn statt des erwarteten Opernglases ein Fotoapparat auf dem Gabentisch liegt. Meist geht es also nicht wirklich um die Geschenke, sondern um diesen Vorgang, der etwas krass ausgedrückt heißt: »Du sollst meine Kindheit in Ordnung bringen«. Damit ist der Partner aber vollkommen überfordert.

Es bricht ein Streit aus, in dem sich beide nicht mehr wiedererkennen: »Nie weißt du, was ich brauche!« »Du hast noch nie verstanden, was ich mir so sehr wünsche.« »Wie soll ich wissen, was du dir wünschst, wenn du es nicht sagst?«

»Ach so, sagen soll ich das erst? Dann ist ja die Freude weg, dass du auch ohne Worte weißt, was ich mir wünsche!«

Und das Fatale daran ist, dass beide nicht ahnen, dass es um dieses »Spiel« von Erwartung und Enttäuschung geht und dass sie sich daher auch nicht helfen können. Die Verwechslung von Wünschen und Erwartungen plagt viele Menschen. Erwartungen zwingen den anderen. Sie engen ein, denn sie müssen erfüllt werden, sonst ist man tief enttäuscht oder fühlt sich allein gelassen. Schlechte Laune und Tränen sind die Folge. Besser geht es denen, die sich das echte Wünschen erhalten haben. Sie sind nicht auf die Erfüllung angewiesen, und sie können daher wünschen und wünschen, ohne Angst vor Enttäuschung. Wird ein Wunsch nicht erfüllt, dann haben sie eben neue, andere Wünsche. Ein paar gehen auf diese Weise immer in Erfüllung.

Aber, passen Sie auf! Sollten Sie sehr bewegt darüber

sein, dass jemand Ihnen ein unerwartetes Geschenk macht, dann könnte es die Erfüllung eines bisher unerfüllten Kindheitswunsches gewesen sein!

Weihnachten – Von der Kunst des Schenkens

Die Eltern der zehnjährigen Anna haben ihre Lektion vom letzten Weihnachtsfest gelernt. Damals wollten sie es besonders gut machen und hatten ihr einen CD-Player und einen eigenen Fernseher für ihr Zimmer geschenkt. Aber glücklich war Anna darüber nicht gewesen, im Gegenteil.

Schlittschuhe hatte sie sich eigentlich gewünscht, weil sie sich mit ihren Freundinnen im Winter auf der Eisbahn treffen wollte. Trotz der großen Geschenke gab es am Ende also bittere Tränen.

Die Eltern von Anna wollten »das Beste« für ihre Tochter und mussten erfahren, dass dies nicht »das Gute« für sie war. Anna hatte gedacht, Schlittschuhe könnten sich die Eltern finanziell leisten, und sie passten genau in ihre altersgemäßen Interessen: Hinaus ins Leben wollte sie, gemeinsam mit ihren Freundinnen, und nicht allein zu Hause bleiben und fernsehen.

Sie wurde in ihren Wünschen und Bedürfnissen nicht verstanden. Zusätzlich machte ihr zu schaffen, dass sie ganz genau wusste: Diese großen Geschenke waren eigentlich zu teuer für den schmalen Geldbeutel der Eltern.

Annas Eltern haben inzwischen begriffen, dass sie damals ein schlechtes Gewissen hatten, weil sie glaubten, zu wenig mit ihrer Tochter zu sprechen. Und beinahe hätten sie den letzten Rest der »Unterhaltung« auch noch an Fernseher, und CD-Player abgegeben, statt selbst mehr auf ihre Tochter einzugehen.

Ein weiterer wichtiger Punkt beim Schenken ist die Größe der Gabe. Anna hatte selbst ein gutes Gefühl für die Realität. Kinder erfassen meist exakt, welche Größenordnung ihnen zusteht. Versuchen Eltern nun unbewusst, ihr eigenes Gefühl von Unzulänglichkeit ihren Kindern gegenüber (wer hätte das nicht einmal) mit größeren und teureren Geschenken auszugleichen, dann können sie für später die Weichen falsch stellen: Wenn Kinder früh daran gewöhnt werden, mehr zu bekommen, als realistisch ist, kann es zu einer unbewussten seelischen Einstellung kommen wie: »Mir steht doch eigentlich mehr zu« oder »Das ist doch nicht gut genug für mich«. Sie werden später als Beschenkte oft enttäuscht, selbst wenn sie ein finanziell und sachlich passendes Geschenk bekommen.

Aber zu Weihnachten will man doch überraschen und überrascht werden. Sind »passende« Geschenke nicht sehr nüchtern?

Annas Eltern haben in diesem Jahr hingeschaut und hingehört, wo die Interessen ihrer Tochter liegen. So haben sie sich entschieden, Anna diesmal mit einer Gitarre zu überraschen, denn sie hatten beobachtet, dass sie viel Zeit mit Musikhören zubrachte und interessiert vom Gitarrenunterricht einer Freundin sprach. Überraschungen zu Weihnachten können vielfältig sein. Anna wird bei diesem Fest erfahren, wie überrascht und erfreut sie sein kann, wenn die Eltern sich die Mühe machen, sie und ihre Wünsche kennen zu lernen und diese dann zu erfüllen.

Bei wem wird gefeiert? Wie wird gefeiert?

Henriette freut sich auf Weihnachten und kommt nicht auf die Idee, dies in Frage zu stellen. »Dieses Fest gehört der Familie. Wir sind in diesen Tagen zufrieden und glücklich. Wir kochen, feiern, sprechen miteinander und tauschen Geschenke aus. Den Weihnachtsstress nehmen wir in Kauf. Jedenfalls ist klar: Die weihnachtlichen Rituale zu erhalten ist uns wichtig.«

Von manchen Paaren kann man aber schon seit Wochen die Seufzer hören: »Jeden Tag müssen wir jemanden besuchen: Heilig Abend geht's zu den Eltern, am ersten Feiertag müssen wir zur Oma (denn sie kommt bei den anderen nicht die Treppe hinauf), am zweiten Feiertag zu den Schwiegereltern. Die Reihenfolge der Besuche geht oft nicht nach dem Herzen, sondern danach, wer am schnellsten gekränkt ist, wenn man sie nicht wie gewünscht platziert.«

Hier werden die weihnachtlichen Beziehungen von Verpflichtungen auf die Spitze getrieben: Man will eigentlich gar nicht, aber man muss hingehen.

Eine andere Spielart sind die jungen Paare, bei denen beide Partner sagen: »Nur meine Eltern können richtig Weihnachten feiern. Bei ihnen ist es am schönsten. Da will ich hin.« Beide Partner fühlen sich nicht wohl in der anderen Familie und möchten zu den eigenen Eltern. Hier sind die alten Kinderbindungen an die Eltern der Paarbeziehung immer noch im Wege und verhindern neue eigene Formen des Feierns.

Aber auch die Eltern können signalisieren: »Wir

können am besten Weihnachten feiern.« Und wenn die jungen Leute dann allein oder anders feiern möchten, fühlen sie sich verraten.

Oft dauert es nach der Hochzeit noch einige Jahre, bis man sich gegenseitig freigibt. Es gibt aber wohl Eltern, die gar nicht daran denken, ihre Kinder müssten sie besuchen. Sie kommen doch auch sonst im ganzen Jahr immer mal vorbei – ohne Zwang. Gute Beziehungen werden also weder verbessert noch verschlechtert, ob man nun gemeinsam Weihnachten feiert oder nicht. In einer guten Beziehung, die von beiden Seiten in Ordnung ist, wird gar nicht erwartet, dass man sich gegenseitig zufrieden stellt. Sie ist nicht an die Feiertage gebunden, sondern beruht auf Freiwilligkeit.

Auch bei der Frage, wie man feiert, gibt es allerlei Ungereimtheiten:

Arthur möchte Ruhe und Ungestörtheit.

Frederike möchte alles schön herrichten und läuft viel und laut umher. Nun soll er ihr auch noch helfen. Er will aber doch Ruhe und schimpft, weil die Ruhe nicht eintritt.

Die Lösung? Am besten kämen sie miteinander aus, wenn jeder das tut, was ihm zusagt, ohne vom anderen zu verlangen, sich seinen Vorstellungen anzuschließen.

Arthur hätte dann seine Ruhe und könnte das Nichtstun pflegen. Allerdings dürfte er aber nicht gleichzeitig verlangen, dass pünktlich der Tisch gedeckt ist und ein gutes Essen aufgetragen wird.

Wenn einer in der Familie einmal die Frage zu stellen wagte, ob man die Rituale nicht etwas lockern könnte, löst dies Erschrecken oder Erleichterung, in jedem Fall aber Veränderung aus.

Nachwort

Dieses Buch soll als Anregung durch Beispiele, weniger als Ratgeber dienen. Es will den Leser dazu bewegen, in sich selbst Entwicklungen anzustoßen, die für ihn anstehen.

Gerade im letzten Jahrzehnt wurde immer genauer erforscht, dass wir lernen und uns verändern, indem wir anderen Menschen zuschauen, zuhören oder über sie lesen. Was sie denken, fühlen und wie sie handeln regt uns über Spiegelphänomene in unseren Denkmustern, Erlebens- und Handlungsweisen an. Über Nachahmen und Resonanz lernen wir und verändern uns, indem wir unser eigenes Repertoire, unseren »Spielplan«, erweitern.

Kinder zum Beispiel hören weniger auf Ratschläge, die die Eltern ihnen geben: »Sei ordentlicher ...«, »sei nicht so schnell wütend ...«, sondern sie schauen hin, was die Eltern selbst tun und ahmen es nach – und ähnlich ist es unter Erwachsenen.

In diesem Sinn wünsche ich mir, dass es Ihnen immer wieder Impulse gibt, Ihren persönlichen Spielplan zu erweitern, wenn Sie dieses Buch mitten im Alltag zur Hand nehmen.